NEW トライアングル学習
刑 法【補訂版】

受験対策研究会　編著

東京法令出版

イラスト　村上太郎

トライアングル学習シリーズの 取扱説明書

よぉし さっそく
勉強するぞ

B巡査長

おっ
やる気ですね
先輩

A巡査

大事なことが
コンパクトに
まとまっているよ!!

千里の道も一歩から
さっそく頁をめくってみましょう。

---

①まずは【組立て】
項目の構成をつかもう

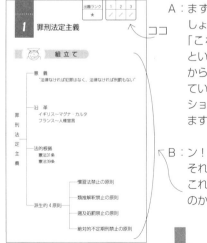

A：まずは日付を書き込みましょう、先輩！
「これから勉強するぞ！」
という気合入れ、それに後から見たときに履歴が残っていれば、自信やモチベーションの維持にもつながります。

B：ン！
それに、この頁を見ると、これから何を勉強していくのか分かりやすいね。

②お次は【要 点】
重要ポイントをしっかり押さえよう

B：項目ごとの構成が分かりやすく、基礎力を付けるのにバッチリだね！

A：ハイ。しっかり勉強してください。そして、そそっかしい先輩のために、その箇所に応じて【わな】や【ワンポイント】、【Check】を設けてありますよ。さらに、なかなか覚えられない先輩のために【記憶法】がついているところもあります。

B：おまえ、イヤミか…

③最後に【練習問題】、【解 答】、【論文対策】
問題演習で、腕試し＆応用力をチェック！！

B：ムッ、む、む、むずか…

A：先輩、気をたしかに！大丈夫、間違えたっていいんです。解答も覚えるくらいしっかり読んで、きちんと理解できれば、試験本番で力を出せますよ。

要点に載っていないことが出てくることも。ココでしっかり押さえ、足りない部分は自分で書き込んでいこう。

― これがトライアングル効果！ ―
① 【組　立　て】で、その項目の全体像を把握
② 【要　　　点】で、基礎をしっかり押さえ
③ 【練習問題】
　　【解　　答】} で、理解度チェックと、プラスαも網羅！
　　【論文対策】で、答案構成を押さえて論点を明確化！

①～③を何度も繰り返しましょう！

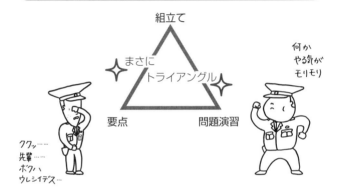

　世の中には、たくさんの法学解説書があります。
　その中で、本書は、これから勉強を始めるためのとっかかりとして、また、実力アップを図るための基礎力、ＳＡ問題や論文問題への応用力を身に付けるために作られたものです。
　【組立て】、【要　点】、問題演習を何度も何度も繰り返し〈トライアングルし〉、分からないことはどんどん調べて書き足して、本書をアナタだけのオリジナルテキストにしていってください。
　本書は、皆さんの楽しい試験生活をサポートします。

それでは、一緒に頑張りましょう！！

目　次

～刑　　法～

1. 罪刑法定主義 …………………… *1*
2. 刑法の適用範囲 ………………… *7*
3. 犯罪の成立要件 ………………… *13*
4. 因果関係 ………………………… *19*
5. 違法性阻却事由 ………………… *25*
6. 正当防衛 ………………………… *31*
7. 緊急避難 ………………………… *39*
8. 責任能力 ………………………… *47*
9. 故意と事実の錯誤 ……………… *53*
10. 過失犯 …………………………… *59*
11. 未遂犯 …………………………… *67*
12. 共犯（1） ……………………… *75*
13. 共犯（2） ……………………… *83*
14. 罪　数 …………………………… *89*
15. 公務執行妨害罪 ………………… *95*
16. 放火罪 …………………………… *103*
17. 住居侵入等罪 …………………… *111*

18	通貨偽造・同行使罪 …………… *119*
19	文書偽・変造罪 ………………… *125*
20	支払用カード電磁的記録 に関する罪 …………………… *133*
21	性犯罪 …………………………… *139*
22	賄賂罪 …………………………… *149*
23	傷害罪 …………………………… *157*
24	暴　行 …………………………… *165*
25	略取・誘拐・人身売買罪 ……… *173*
26	窃盗罪 …………………………… *179*
27	窃盗罪の着手時期等 …………… *187*
28	強盗罪 …………………………… *193*
29	詐欺罪 …………………………… *203*
30	恐喝罪 …………………………… *211*
31	横領罪 …………………………… *217*
32	盗品等に関する罪 ……………… *223*
巻末付録	刑法等の一部を改正する 法律についての概要……… *231*

出題ランク	1	2	3
★	/	/	/

1 罪刑法定主義

組立て

罪刑法定主義
- 意 義
  "法律なければ犯罪はなく、法律なければ刑罰もない"

- 沿 革
  イギリス〜マグナ・カルタ
  フランス〜人権宣言

- 法的根拠
  憲法31条
  憲法39条

- 派生的4原則
  - 慣習法禁止の原則
  - 類推解釈禁止の原則
  - 遡及処罰禁止の原則
  - 絶対的不定期刑禁止の原則

1 意義

一定の行為をもって、これに犯罪として刑罰を科するには、あらかじめその一定の行為に対して刑罰が科せられるべきことが、成文の法律によって規定されていなければならない。

これは、裁判官・為政者の恣意と専断の防止を目的としている。

2 沿革

思想的始源は、イギリスのマグナ・カルタ（1215年）にあるとされるが、明確にそれを規定したのはフランス革命時の人権宣言である。人権宣言8条は、「法律は、厳格かつ明白に必要な刑罰のみを定めなければならず、何人も犯罪に先立って制定公布され、かつ、適法に適用された法律によらなければ処罰されない」と規定し、その後各国の憲法典や刑法典に採用された。

3 法的根拠

現行憲法31条では、「何人も、法律の定める手続によらなければ、その生命若しくは自由を奪はれ、又はその他の刑罰を科せられない。」と規定し、39条では、「何人も、実行の時に適法であった行為又は既に無罪とされた行為については、刑事上の責任を問はれない。」と規定し、罪刑法定主義の原則を明らかにしている。

現行刑法に罪刑法定主義に関する明文の規定はない。その理由は、自明の理と考えられているからである。

4 派生的4原則

慣習法禁止	刑罰を科すには、必ず一般に公布された成文法規に根拠があることを要する。存在の不明確な慣習法によって処罰することは許されない（憲法31条）。 　しかし、権利・義務の実体関係（水利権・入会権等の所在）や違法性を判断する場合には慣習法を考慮してもよい。
類推解釈禁止	刑罰法規を、その法規に用いられている語句の可能な意味の限界を超えて解釈し、法規に規定のない事実に対し、その法規の該当性を認めることは許されない。 　しかし、立法精神に従った合理的・合目的的な拡張解釈は許される。
遡及処罰禁止	刑罰法規制定以前に行われた行為に対しては、遡ってこれを処罰することができない（憲法39条）。 　法的安定性と個人の自由の権利の保障という見地から導き出された原則である。
絶対的不定期刑禁止	服役すべき期間を裁判官の宣告によって特定せず、懲役・禁錮の期間を全く定めず具体的な行政の経過に任せる絶対的不定期刑は、人権保障上許されない。 　しかし、相対的不定期刑（例：少年法52条）は、この限りではない。

記憶法

悪い慣習　遡ってみれば、絶対ダメだと類推する。

慣習法禁止　遡及処罰禁止　絶対的不定期刑禁止　類推解釈禁止

1　罪刑法定主義

練習問題

Q

次のうち、正しいものには○、誤っているものには×を記せ。

(1) 現行刑法には罪刑法定主義に関する明文の規定はない。

(2) 罪刑法定主義の要請として慣習法の否定がある。したがって、窃盗罪の客体である「他人の物」か否かを定めるために慣習法を使用することはできない。

(3) 法律の規定を類推解釈するのと同様に、縮小解釈（法文の意味を通常より限定して解釈）することも罪刑法定主義に反する。

(4) 犯罪後の法律により刑が変更され、行為時の刑よりも裁判時の刑の方が軽くなった場合、軽い方の刑で処断するものとするのは、罪刑法定主義の要請ではない。

(5) 少年の時、犯罪を犯した者が、裁判中に成人に達すれば、通常の刑を科し得るものとする法律を制定するのは、罪刑法定主義に反するものではない。

(6) 既に無罪とされた行為について重ねて刑事上の責任を問われないとするのは、罪刑法定主義の要請である。

(7) 看護師は、医師・助産師と同じように業務上他人の秘密を知り得る立場にあるから、解釈上秘密漏泄罪の主体に含まれるとしても、罪刑法定主義に反しない。

(8) 法律で刑だけを規定し、構成要件の内容を政令以下に委ねることは、罪刑法定主義に反する。

(9) 類推解釈は、被告人に有利になす場合には罪刑法定主義に反しない。

(10) 水利妨害罪（刑法123条）の水利権の根拠を慣習法に求めることは、罪刑法定主義に反しない。

(11) 絶対的不定期刑は許されないが、いわゆる相対的不定期刑は、長期と短期を定めて宣告するものであるから許される。

解　答

○ (1) 刑法に罪刑法定主義に関する明文の規定がないのは、旧憲法の規定（23条）とあいまって、当然のこととされたためであると解されている。

× (2) 慣習法が直接に刑罰法規の源となり得ないということだけであり、実体関係の確認、違法性の判断等に慣習を考慮しても罪刑法定主義に反しない。

× (3) 縮小解釈は、罪刑法定主義に反しない。

○ (4) 刑法6条は、遡及処罰の禁止の趣旨を拡充して軽い刑罰法規には遡及効を認めることにしたものであり、罪刑法定主義の要請とまではいかない。

○ (5) 遡及処罰禁止の原則の内容と全く抵触しない。

× (6) 一事不再理は、罪刑法定主義とは無関係である。

× (7) 類推解釈であり、罪刑法定主義に反する。

○ (8) 罪刑法定主義を表現した憲法31条の「法律」とは、狭義の法律を意味し、憲法73条6号は包括的委任を許さず特定委任しか認めていない。「構成要件の内容を政令以下に委ねる」という形式は、特定委任とは認められないので、罪刑法定主義に反する。

○ (9) 被疑者・被告人の利益になる方向での解釈は許される。

○ (10) (2)の場合と同様である。水利妨害罪の前提条件である水利権の存在は、多くの場合、慣習法によっている。

○ (11) そのとおりで、刑種、刑量を少なくとも相対的に法定することを要するとされている。

 論文対策

Q

甲は、Y鉄道会社の機関手であるが、某日、回送用のガソリンカーを運転中、速度を出し過ぎてカーブ地点を曲がり切れずに、これを脱線転覆させてしまった。

この場合、甲は、どのような刑責を負うか。

〔答案構成〕

1 結 論

甲は、業務上過失往来危険罪（刑法129条2項）の刑責を負う。

2 業務上過失往来危険罪の構成要件

① 過失により、汽車、電車若しくは艦船の往来の危険を生じさせ、又は汽車若しくは電車を転覆させ、若しくは破壊し、若しくは艦船を転覆させ、沈没させ、若しくは破壊した場合（刑法129条1項）

② その業務に従事する者が、①の罪を犯した場合、刑が加重される（同条2項）。

3 ガソリンカーは、「汽車・電車」に含まれるか

(1) 罪刑法定主義

○ 「類推解釈禁止の原則」～罪刑法定主義の派生的4原則の一つ

○ 「類推解釈」は許されないが、立法精神に従った合理的・合目的的な「拡張解釈」は許される。

(2) 判例

ガソリンカーは汽車・電車に含む（大判昭15.8.22）。

4 事例の検討

○ ガソリンカーの運転事実の有無

○ 業務性の有無

○ 過失の有無

2 刑法の適用範囲

刑法の適用範囲
- 場所的適用範囲
  - 属地主義
    日本国内の犯罪における犯人の国籍不問
  - 属人主義
    日本国民の犯罪の犯行場所の不問
  - 保護主義
    日本国外における一定犯罪の刑法適用
- 時間的適用範囲
  刑罰法規適用の時間的特例
- 人的適用範囲
  刑罰法規適用の人的特例

要　点

1　場所的適用範囲

属地主義（刑法1条）

　刑罰法規は、原則として、日本国内（領土・領海・領空内）で行われた犯罪、及び日本国外にある船舶・日本航空機内で行われた犯罪につき、その犯人の国籍を問わず適用される。

属人主義（刑法3条）

　日本国民が次の罪を犯したときは、その犯行の場所が日本国外であっても、我が国の刑法が適用される。

　〈放火・現住建造物等浸害・私文書偽造等・私印偽造・強制性交等・殺人・傷害・堕胎・保護者遺棄・逮捕監禁・略取誘拐・名誉毀損・窃盗・強盗・詐欺・背任・恐喝・業務上横領・盗品等〉

わな

| 上記の罪でも軽いものは除かれているので注意！　例えば、盗品等に関する罪では「無償譲受け」は含まれていない。

保護主義（刑法2条、4条）

　犯行の場所が日本国外であっても、我が国の国家・社会の法益を保護する見地から我が国の刑法が適用される。
- ○　内乱・外患・通貨偽造・公文書偽造等・有価証券偽造・公印偽造等の罪を誰かが犯したとき（2条）
- ○　看守者逃走援助・虚偽有印公文書作成・汚職の罪（職権濫用・暴行陵虐・収賄）を日本の公務員が犯したとき（4条）

記憶法

日本人も外国人も続々と保護するぞ！
　　　　　　　　　　　↓
　　　　　　　　　　保護主義
　　　　　　　　↓
　　　　　　属人主義
　　　属地主義

2 時間的適用範囲

すべての刑罰法規は、その施行から廃止の時までに行われた犯罪について適用されるのが原則である。しかし、次の2点で問題となる。

> 犯罪を行った時に適用されていた刑罰法規が、裁判時に廃止されていた場合は、刑罰が免除される（刑訴法337条2号）。
> 限時法（一定の適用期間を限って制定された法律）の場合は、処罰されることがある。

> 犯罪後に法律が改正され刑罰に変更があった場合、行為時法よりも裁判時法の刑罰が重くなったときは原則に従って軽い行為時法を適用するが、反対のときは軽い裁判時法を適用する（刑法6条）。

3 人的適用範囲

場所的・時間的範囲の要件を充足する限り、刑罰法規はいかなる人の犯罪に対しても適用されるのが原則である。

- 天皇・摂政はその在任中訴追されることはない（皇室典範21条）。
- 外国の君主・大統領、それらの家族や従者、外国使節・外交官（大使・公使）それらの家族や従者、適法に国内にある外国軍隊の構成員も、刑法の適用はあるが、在任中は国際礼譲として刑事訴追を受けることはない。
- 上記に関係の深い特別立法として、いわゆる日本国とアメリカ合衆国との間の刑事特別法（昭和27年法律138号）がある。

参考判例

日本国外における幇助犯　最決平6.12.9

被告人は、Aらが日本国外から日本国内に覚せい剤を輸入し、覚せい剤取締法違反、関税法違反の各罪を犯した際、Bとともに、日本国外で覚せい剤を調達してAに手渡し、同人らの右各犯行を容易にしてこれを幇助したというのである。右のように、日本国外で幇助行為をした者であっても、正犯が日本国内で実行行為をした場合には、刑法1条1項の「日本国内ニ於テ罪ヲ犯シタル者」に当たると解すべきである。

Q

次のうち、正しいものには○、誤っているものには×を記せ。

(1) 日本人の被疑者が、保険金の詐欺目的で、海外において人を殺害する事案のように、一定の社会的法益及び個人的法益に対する罪については、日本国民が国外において犯罪を敢行した場合にも我が国の刑法が適用される。

(2) 刑法は、外国で罪を犯して、その外国での確定裁判を受けた者については、日本に帰国した場合、日本の刑罰では処罰しないとする立場をとっている。

(3) 内乱罪や通貨偽造罪など、一定の我が国の国家的法益及び重要な社会的法益に対する罪については、日本国外で犯したものといえども、外国人、日本人を問わず、我が国の刑法が適用される。

(4) 日本国外で日本の公務員が外国商社からその職務に関して賄賂を収受した場合、我が国の刑法が適用される。

(5) 外国の領海、領空内でも日本船舶又は日本航空機内で犯した罪は、国内で犯した罪と同視される。

(6) 自国の領域内で犯された罪に対しては、犯人の国籍のいかんを問わず、自国の刑罰法規を適用するという主義を属地主義というが、これには、天皇、外国元首等につき例外がある。

(7) 日本国民が外国駐在の日本国大使の名誉を毀損した場合に、我が国の刑法が適用されるのは保護主義による。

(8) 米国在住の米国人Aが英国在住の英国人Bを殺害するため、日本経由で毒菓子を郵送した場合にも我が国の刑法が適用される。

(9) 公海に停泊中の外国船から、我が国の領海内に停泊中の日本船舶に向かって発砲したが、弾丸は誰にも当たらず海に落ちた場合にも、我が国の刑法が適用される。

解 答

○ (1) 刑法3条 属人主義による。

× (2) そういう規定はない。時間的・場所的要件の範囲を満たす限り、たとえ外国で確定裁判を受けていても、主権の存する我が国の刑法の適用があり処罰され得る。

○ (3) 刑法2条 保護主義による。その犯行の場所が日本国外であっても、我が国の国家・社会の法益を保護する見地から我が国の刑法が適用される。

○ (4) 刑法4条 保護主義による。

○ (5) 刑法1条 属地主義による。

× (6) 天皇や外国元首といえども日本国内で罪を犯す限り、我が国刑法の適用がある。ただ、裁判権行使について例外となるに過ぎない。刑法の人的適用範囲の問題と裁判権の問題を混同してはならない。

× (7) 日本国民の国外犯に刑法3条の適用がある場合で、属人主義によるものである。

× (8) ただ郵便物として我が国を通過したに過ぎないので、我が国においては何らの結果ないし中間影響（例えば、殺人罪における傷害の事実）も生じていないから、国内犯（刑法1条）に当たらない。

○ (9) 未遂犯について、結果が発生するはずであった場所も犯罪地といえるかどうかが問題となるが、積極に解する説が有力である。

 論文対策

Q

甲女は、音楽関係の勉強のためフランスに留学中であるが、留学仲間の乙女が日本に帰国後一躍有名になったのを羨み、同女宛に「あなたが留学中に、売春で生計を立てていた事実を新聞社に投書する」旨の脅迫状を郵送した。

この場合、フランスに滞在中の甲の行為について、どのような我が国の刑法上の責任を問うことができるか。

〔答案構成〕

1 結 論

甲は、我が国刑法の適用を受けて、脅迫罪(刑法222条1項)の刑責を負う。

2 脅迫罪の成否

(1) 脅迫罪の構成要件
(2) 事例における脅迫罪の成否
 投書の内容は、害悪の告知に当たる。

3 刑法の場所的適用範囲

(1) 属地主義 刑法1条
(2) 属人主義 刑法3条
(3) 保護主義 刑法2条・4条

4 事例の検討

○ 刑法2条・3条・4条に該当しない。
○ 刑法1条の「日本国内で犯された罪」とは、当該犯罪の構成要件に該当する事実の一部が国内に存在する犯罪のことである。

3 犯罪の成立要件

 組立て

犯罪の成立要件
- 犯罪の意義
  構成要件に該当し、違法で有責な行為

- 構成要件該当性
  違法有責行為の類型

- 違法性
  構成要件に該当し法秩序に反するもの。

- 有責性
  違法行為をしないことを期待することができない者に対する刑罰責任

- 行為
  - 行為の主体
    - 自然人
    - 犯罪行為の主体の例外
  - 実行行為
    - 正犯
    - 間接正犯
    - 不作為犯

要 点

1 犯罪の意義

犯罪とは、社会の共同生活上の秩序を破壊、侵害する人の行為を意味するが、このうち、刑罰を科する価値と必要のあるものが刑法の対象となる犯罪となる。

そこで、刑法上の犯罪を理論的に分析すると、構成要件該当性、違法性、有責性の三つの要件が備わっていることが必要とされる。

よって、刑法上の犯罪とは「構成要件に該当し、違法で有責な行為」と定義することができる。

2 構成要件該当性

構成要件とは、刑罰法規に処罰すべきものとして規定された違法有責行為を類型的にまとめた要件のことである。構成要件に該当しない行為は、いかに社会的倫理的に非難されるべきものであっても、刑法上の犯罪とはならない。

3 違法性

違法性とは、構成要件に該当する行為で、国家、社会を支配する全体としての法秩序に反するもの。

4 有責性

有責性とは、例えば、違法行為をしないことが期待されるにもかかわらず、あえてこれをしたという場合に刑罰が科せられるが、違法行為をしないことを期待することができない者に対しては刑罰責任を問うことはできない。この責任性の有無のことをいう。

5 行 為

行為の主体
犯罪行為の主体として定められているのは「人」である。

自然人	人は「自然人」と「法人」に分けることができるが、犯罪行為の主体となるのは自然人である。
犯罪行為の主体の例外	○ 身分犯 ・ 真正身分犯 　犯罪行為の主体を一定の身分を持った人に限る場合、刑法は「犯人の身分によって構成すべき犯罪」（65条1項）と規定し真正身分犯といわれる。 　**例** 収賄罪の主体は「公務員」、偽証罪の主体は「法律により宣誓した証人」 ・ 不真正身分犯 　一定の身分のある者が罪を犯したとき、身分のない者の犯した場合より刑が重いことがあり、その場合刑法は「身分によって特に刑の軽重があるとき」（同条2項）と規定し不真正身分犯といわれる。 　**例** 業務上横領罪 ○ 法　人 　両罰規定のように犯罪行為者のほかに事業主も犯罪の主体となり処罰される。 　**例** 道路交通法123条に規定する罪

実行行為

構成要件に該当する行為を実行行為という。構成要件とは、刑罰法規に処罰すべきものとして規定された違法有責行為の類型のこと。

正犯	実行行為を行う者
間接正犯	他人を道具のように使って犯罪を実行する場合をいうが、この場合も実行行為であることに変わりはない。
不作為犯	不作為によって犯罪が構成される場合をいう。 ・ 真性不作為犯～構成要件自体が不作為の形式を採用するもの。 ・ 不真性不作為犯～作為の形式で規定された通常の構成要件が不作為によって実現された場合をいうが、作為犯と同じ刑の重さで処罰される。

3　犯罪の成立要件

練習問題

Q

次のうち、正しいものには○、誤っているものには×を記せ。

(1) 横領罪、背任罪、偽証罪、公文書偽造罪、虚偽公文書作成罪は、いずれも身分犯である。

(2) 「真正身分犯」とは、一般には何人でも犯罪主体たり得る犯罪を、一定の身分を有する者が犯した場合に刑が加重される犯罪のことである。

(3) 自宅で火災の危険性が生じた場合、簡単に消火できるのに、保険金入手の目的でこれを放置すれば、不作為による放火罪が成立する。

(4) ガードマン甲は、会社内をパトロール中、友人乙が会社の製品を盗んで搬出しているのを認めたが、乙が「見逃してくれ」と言ったのでそのままにした。甲は、窃盗罪の幇助犯となる。

(5) 堤防を通行中、他人の子供が川に落ちて溺れているのを発見したが、救助することなく通り過ぎた場合には、不作為による殺人罪が成立する。

(6) 公務員甲は、法令により定められた会議録の記載に際し、知人の不利益となる事項をことさら記載しなかった。この場合、甲に虚偽公文書作成罪が成立する。

(7) 公務員甲は、情を知らない妻を利用して、業者からの賄賂を収受させた。甲に収賄罪が成立する。

(8) 甲は、情を知らない登記官吏乙をして、内容虚偽の建物所有権移転の登記をなさしめた。甲に虚偽公文書作成罪の間接正犯が成立する。

(9) 甲は、覚醒剤を施用すると幻覚妄想等の中毒症状を起こし、他人に暴行等の危害を加えることがあることを知りながら、あえて覚醒剤を施用したため、幻覚妄想により妻を刺殺した。甲は、殺人罪の刑責を負う。

解 答

× (1) 公文書偽造罪は身分犯ではない。ほかはいずれも、占有者、事務処理者、宣誓証人、公務員という身分が必要である。

× (2) 真正身分犯は、一定の身分を有する者についてのみ成立する犯罪で、一定の身分を有する者が犯した場合に刑が加重される場合は不真正身分犯である。

○ (3) 家屋所有者には、自宅内で火災の危険性が生じた場合には、消火すべき条理上の義務があるのにこれをせず、保険金目的で放置した場合には、不作為による放火罪が成立する。

○ (4) 甲には、雇用契約上、乙が会社の製品を搬出するのを制止する義務がある。この義務に違背して乙の窃盗を不作為により幇助したのであるから、甲に窃盗罪の幇助犯（従犯）が成立する（幇助犯については、12：75頁参照）。

× (5) 単なる不救助が常に殺人罪を構成するものではない。作為義務は、法的義務であって道徳上の作為義務ではない。したがって、設問の場合にも、通行人に法的な救助義務があるとはいえないので、立ち去る行為は殺人罪の実行行為に当たらない。

○ (6) 会議録も公文書である。また、虚偽文書の作成は、権限を有する者が内容的に真実に反する文書を作成することであるので、不記載もこれに当たる。

○ (7) 何も知らない妻を受領のための道具として利用したのであるから、甲に収賄罪の間接正犯が成立する。

× (8) 虚偽公文書作成罪の間接正犯は成立せず、別に公正証書原本等不実記載罪があるので同罪が成立する。

× (9) 原因行為時の甲の故意は、暴行ないし傷害の未必の故意にとどまり、甲は傷害の結果的加重犯としての傷害致死罪の刑責を負うにとどまる。

3 犯罪の成立要件 17

 論文対策

Q

会社員甲は、自席で残業中に睡魔に襲われ居眠りをしていたところ、顔が熱いので目を覚まし、ふと見ると、暖をとるために点火していたストーブの火が直近のカーテンに燃え移ったところであった。甲は、自己の失策に動転して、そのまま放置すれば火勢が拡大して建物に延焼することを十分に知りながら、宿直員にも連絡せずに外に逃げ出したため、同建物は全焼したが負傷者は出なかった。

この場合、甲は、どのような刑責を負うか。

〔答案構成〕

1 結 論

不作為による放火に当たり、甲は現住建造物放火罪の刑責を負うことになる。

2 不作為犯

(1) 意義と態様

行為者の消極的動作、すなわち、不作為によって行われる犯罪である。

真正不作為犯と不真正不作為犯とがある。

(2) 不真正不作為犯成立に要する作為義務

法的作為義務であることが必要

○ 法令・契約・事務管理・慣習・条理・先行行為等

3 事例の検討

○ 甲に消火義務があるか

○ それは法的作為義務といえるか

○ 容易に消火できる段階にあったか

○ 客体は、現住建造物か非現住建造物か

○ 認識か認容か

出題ランク	1	2	3
★	/	/	/

4 因果関係

組立て

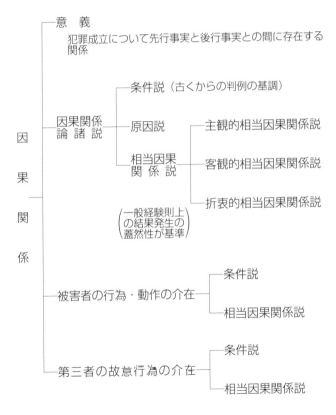

- 意義
  - 犯罪成立について先行事実と後行事実との間に存在する関係
- 因果関係論諸説
  - 条件説（古くからの判例の基調）
  - 原因説
  - 相当因果関係説
    - 主観的相当因果関係説
    - 客観的相当因果関係説
    - 折衷的相当因果関係説

    （一般経験則上の結果発生の蓋然性が基準）

- 被害者の行為・動作の介在
  - 条件説
  - 相当因果関係説
- 第三者の故意行為の介在
  - 条件説
  - 相当因果関係説

要 点

1 意 義

因果関係とは、一定の犯罪の成立について、一定の先行事実（行為・条件）と後行事実（結果）との間に存在することを要する関係のことで、結果犯における実行行為と結果との間の原因結果の関係をいう。

実行行為と結果との間に因果関係が存在することによってはじめて構成要件該当性が認められ犯罪は既遂となる。実行行為があっても、それと結果とを結びつける因果関係が存在しなければ犯罪は未遂にとどまる。

因果関係が問題となるのは、故意犯だけではない。過失犯においても同様である。

2 因果関係論諸説

条件説	因果関係を広く解し、結果である事実の発生に対して何らかの条件を与えた行為を全て原因であるとする説で「その行為がなかったならば、その結果は発生しなかったであろう」と判断される限りは因果関係の存在を認めようとする考え方である。	
原因説	条件説を制限しようとすることから考えられたもので、結果に対する諸条件のうち有力重要なものだけを原因とし、これによって因果関係を認めようとする説である。	
相当因果関係説	経験法則、健全な常識に照らして、通常その行為からその結果が発生する蓋然性があると判断される場合にだけ因果関係を認める考え方で、これは、さらに次の3説に分かれる。	
	主観的相当因果関係説	行為者が行為の当時認識し得た事情を基礎とすべきものと主張する考え方である。
		客観的事後予測に基づく説で、裁判官の立場に立って、行為の当時に行為者が認識した事情及び客

因果関係 客観的相当説	観的に存在した一切の事情を顧慮し、また、行為後に生じた事情についても、それが予見可能であった限り、全て考慮しなければならないとする考え方である。
因果関係 折衷的相当説	行為の際に、通常人ならば知り得たであろう一般的事情及び行為者が特に知っていた事情を判断の基礎として因果関係の存在を判断しようとする考え方である。

> 判例は、古くからおおむね条件説の立場をとっている。
> 最近の実務のすう勢は、相当因果関係説に傾きつつある。

3　被害者の行為・動作の介在

　行為者の実行行為により一定の法益の侵害又は危険を生じたが、これに被害者自身の行為・動作が加わって結果の発生を促進したとき（例：Aに背後から短刀で突きかかられたBは身をかわす拍子に川に転落し溺死）、その実行行為と結果との間に因果関係を認め得るかどうかの問題が生じる。

条件説	いかなる場合でも因果関係の存在を認める。
相当因果関係説	一般的な蓋然性に基づき判断される。

4　第三者の故意行為の介在

　行為者の実行行為により一定の法益侵害の危険を生じたとき、これに第三者の故意行為が加わって結果の発生を促進する場合がある（例：Aが殺意をもってYを刺し、死んだと思って逃走したところBがYを見つけとどめの一刺を加えたためYは死亡）。

条件説	因果関係を認める。
相当因果関係説	第三者の故意行為の介在は、一般経験則上予想し難いので、因果関係が否定される。

練習問題

Q

次のうち、正しいものには○、誤っているものには×を記せ。

(1) 因果関係論は、条件説、原因説、相当因果関係説に大別されるが、判例は一貫して原因説を採用している。

(2) 条件説に対しては、因果関係の範囲の不当な拡大をもたらすものとの批判がある。

(3) 原因説は、条件説を制限しようとすることから考えられたものであるが、これに対して、合理的な原因の選択が困難であるとの批判がある。

(4) 暴行により致命的でない傷害を負わせたところ、被害者に脳梅毒による病的変化があったので、脳の組織が崩壊して死亡した事件について、判例は、因果関係を認めている。

(5) 殺害の目的で傷害を与え、それ自体は致命的ではなかったが、被害者の老衰による病的変化があったのでショック死した事件について、判例は、因果関係を認めているが、相当因果関係説の立場からも因果関係を認め得る場合がある。

(6) 被害者を殴打して軽傷を負わせたが、某宗教の信者であった被害者が治療のため神水を塗布したため、丹毒症で死亡した事件について、判例は因果関係を認めている。

(7) 被害者に暴行を加え、打撲症のほか高度の火傷を負わせたので、被害者は苦痛に堪えかね、かつ、更に暴行を加えられるのを避けるために水中に飛び込み心臓麻痺で死亡した事件について、判例は、因果関係を否定した。

(8) 因果関係の進行中に、自然的事実が介在すると、行為と結果との因果関係は中断される。

解　答

× (1) 因果関係についての判例の立場は、古くから条件説を基調としているものの、最近、最高裁が相当因果関係説を採用したとみられる判例も出てきている。

○ (2) 条件説は、「その行為がなかったならばその結果は発生しなかったであろう」と判断される限りは因果関係を認めるので、設問のような批判もある。

○ (3) 原因説は、結果に対する諸条件のうち有力重要なものだけを原因とし、これによって因果関係を認めようとする説であるが、何が有力重要なものであるかを選択するための合理的な基準が確定されていないので、設問のような批判がある。

○ (4) 同種事案で判例は、条件説を採っているので「その暴行がなければ、死の結果はなかったであろう」ということで因果関係を認める（最判昭25.3.31）。

○ (5) 犯人が被害者の老衰や身体の虚弱を知っていたとか、一般にそのことを認識することができたであろう場合には、相当因果関係説によっても因果関係を認め得る。

○ (6) 受傷後に被害者若しくは第三者の、死の結果を促進するような過失行為が加わり死の結果が発生したときは、条件説は、因果関係を肯定し得る（大判大12.7.14）。

× (7) 因果関係が認められている（大判昭2.9.9）。

○ (8) 設問のとおり。例えば、被害者が負傷した後、落雷で死亡した場合は、傷害致死罪は成立しない。

4　因果関係　23

 論文対策

Q

甲は、乙を傷つけるつもりはなく、ただ驚かせる意思で、乙に向けて手拳大の石を投げた。石は、乙の身辺をかすめただけで、乙には当たらなかったが、乙は驚いて、石を避けるために身をかわそうとした拍子に足を滑らせて転倒し、全治10日間の怪我をした。

この場合、甲はどのような刑責を負うか。

〔答案構成〕

1 結 論
甲は、暴行の結果的加重犯である傷害罪の刑責を負う。

2 暴行罪における「暴行」の意義
○ 人の身体に対して不法に有形力(物理力)の攻撃を加えることを意味する。
○ 判例(東京高判昭25.6.10)は、他人を驚かせる目的でその数歩手前に投石した行為を暴行に当たるとしている。

3 因果関係
(1) 意 義
　因果関係とは、一定の犯罪の成立について、一定の先行事実(行為・条件)と後行事実(結果)との間に存在することを要する関係のことである。
(2) 諸 説
　○ 条件説
　○ 原因説
　○ 相当因果関係説

4 事例の検討
条件説によれば因果関係は容易に認められる。また、相当因果関係説によっても、転倒負傷の蓋然性が高いので認められる。

5 違法性阻却事由

違法性阻却事由
- 意義
  違法行為であっても適正なものとする特別な事由
- 法規上の違法性阻却事由
  - 法令行為
  - 正当な業務による行為
  - 正当防衛
  - 緊急避難
- 社会通念上正当とされる違法性阻却事由
  - 自救行為
  - 推定的承諾
  - 憲法上の基本権の行使

要 点

1 意 義

構成要件に該当して違法性が推定される行為であっても、その違法性を排除し、行為を適正なものとする特別な事由を違法性阻却事由という。

これは、構成要件に該当することによって一度発生した違法性を後から取り除くのではなく、違法性阻却事由のある行為は、はじめから違法ではなく、犯罪は成立しないのである。

2 法規上の違法性阻却事由

法令行為	○ 公務員の職務として法定された行為 ・刑事施設職員による死刑・自由刑の執行 ・警察官による逮捕する行為、一定限度での武器の使用 ○ 権利行使として法的根拠を有する私人の権利行為 ・親権者の懲戒行為 ・私人の現行犯逮捕 ○ 政策的理由から法令が特に違法性を解除したもの ・当せん金付証票法による宝くじ、競馬法による勝馬投票券、その他自転車競技法、小型自動車競走法、モーターボート競走法 ・母体保護法による人工妊娠中絶
正当な業務による行為	○ 医師による治療行為（手術等） ○ スポーツ行為（ボクシング、相撲等） ○ 報道機関の取材活動 　報道機関の取材活動は表現の自由の精神に照らし、尊重されるが、その活動が個人の名誉や公務員の守秘義務を犯した場合であっても、手段・方法が法秩序全体の精神に照らし相当なものとして社会通念上是認されるものである以上、違法性を欠き正当な業務に当たる。ただし、取材の態様によっては許されない場合があることに注意を要する。 ○ 弁護士の弁護活動 　法廷での弁護活動は正当な業務に当たる。

正当防衛	急迫不正の侵害に対して、自己又は他人の権利を防衛するため、やむを得ずした行為（刑法36条１項）（[6]：31頁参照）。
緊急避難	自己又は他人の生命、身体、自由又は財産に対する現在の危難を避けるため、やむを得ずした行為が、これによって生じた害が避けようとした害の程度を超えなかった場合の行為（刑法37条１項）（[7]：39頁参照）。

3 社会通念上正当とされる違法性阻却事由

法令による明文の規定はないが、社会通念上違法性が阻却されるものに次のものがある。

自救行為	一定の権利を侵害された者が、その回復、保全について国家機関による救済を待ついとまがないため、社会通念上相当と認められる限度において自力で権利の回復等に必要な行為をすること。例えば、盗難犯人から盗まれた物品を奪還するような行為がこれに当たる。
推定的承諾	火災の際に不在者の家屋に侵入して家財道具等を運び出す場合などのように、被害者が事情を知っていたら当然に承諾したであろう客観的かつ合理的に判断される場合には違法性を阻却される。
憲法上の基本権の行使	憲法上認められた基本権の行使は、公共の福祉に反しない限り違法性を阻却する。例えば、労働者の団結権・団体交渉権（憲法28条）、正当と認められる範囲の言論、出版活動（憲法21条）など。

 **練習問題**

Q

次のうち、正しいものには○、誤っているものには×を記せ。

(1) 違法性阻却事由は、罪刑法定主義の原則に基づき、厳格に刑法に規定されたものに限られている。

(2) 違法性阻却事由とは、構成要件に該当したため違法性があると推定される行為につき、その推定をくつがえして違法性がないとする事由をいう。

(3) 飼い主の故意・過失がなく他人の飼い犬に襲われた者がやむを得ずにその犬を蹴り殺した場合、正当防衛として違法性は阻却される。

(4) 友人と2人でクルージング中に難破し、救命胴衣を喪失した友人の懇願を退けて自分だけが救命胴衣を着用したために友人が死亡した場合、違法性阻却の余地はない。

(5) 暴力団幹部が、不始末をした手下の申出に応じて指を詰める行為は、被害者の承諾によって違法性を阻却される。

(6) すいかを奪って逃げ出した現行犯を発見した畑の持ち主が、泥棒に追い付いてはがいじめにした場合、法令行為（権利行為）として違法性が阻却される。

解 答

× (1) 違法性阻却事由は、刑法に規定されたものに限らず、社会通念上正当とされる行為は違法とされない。具体的にどの場合が違法性を欠くかはそれぞれについて判断する必要があるが、具体例としては、「自救行為」のほか、「憲法上認められた基本的人権の行使」も公共の福祉に反しない限り違法性を阻却する。

○ (2) 違法性の実体を社会的相当性を逸脱した法益侵害に求めるなら、構成要件に該当する行為でも、行為態様が社会生活の中で歴史的に形成された社会倫理秩序によって社会的相当性を有するものとされるときに、違法性阻却が認められることになる。これを社会的相当性説という。違法性阻却事由には、正当行為、正当防衛、緊急避難等がある。

× (3) 他人の飼い犬からの襲撃は、飼い主に故意・過失がなければ急迫不正の侵害ではなく、「現在の危難を避けるため、やむを得ずにした行為」であることから正当防衛ではなく、緊急避難として違法性が阻却される。

× (4) 本件行為は、刑法37条の緊急避難として違法性が阻却される。

× (5) 被害者の承諾は、原則として構成要件あるいは違法性を阻却するが、そのためには承諾を得た動機・目的、行為の手段・方法、傷害の部位・程度などを総合的に判断して、社会的に是認されるものであることを要し、判例も、いわゆる「エンコ詰め」は公序良俗に反するもので違法性は失われないとしている(仙台地石巻支判昭62.2.18)。

○ (6) 設問のとおり。

 論文対策

Q

正当防衛について述べ、緊急避難との差異に及べ。

〔答案構成〕

1 正当防衛の意義

刑法36条1項は、正当防衛とは、「急迫不正の侵害に対して、自己又は他人の権利を防衛するため、やむを得ずにした行為」と規定している。

2 正当防衛の成立要件

(1) 急迫不正の侵害があること
(2) 自己又は他人の権利を防衛するための行為をすること
(3) やむを得ず行った行為であること

3 緊急避難との差異

① 正当防衛は、不正の侵害に対して侵害者に向けられる反撃であり「正対不正」の関係にあるが、緊急避難行為は危難を避ける者から善意の第三者に向けてなされる侵害であり、「正対正」の関係に立つ。

② 正当防衛の範囲は比較的緩やかに認め得るが、緊急避難については、「補充の原則」と「法益権衡の原則」が強く要求され、正当防衛よりも要件が厳格になっている。

③ 正当防衛の防衛者には、防衛行為の結果として発生した事態に対する民事的な損害賠償義務が生じないが、緊急避難者は避難行為によって第三者に転嫁された損害を賠償しなければならない。

出題ランク	1	2	3
★★	/	/	/

6 正当防衛

組立て

正当防衛

- **意義**
  急迫不正の侵害に対して、自己又は他人の権利を防衛するため、やむを得ずにした行為は違法性を阻却する。

- **成立要件**
  - 急迫不正の侵害があること
  - 自己又は他人の権利を防衛するための行為であること
  - やむを得ずにした行為であること

- **過剰防衛**
  違法性を阻却せず、刑の減軽又は免除となる。

- **誤想防衛**
  違法性を阻却せず、過失規定がある場合は過失犯が成立する。

6 正当防衛 31

 要 点

1 意 義

急迫不正の侵害に対して、自己又は他人の権利を防衛するため、やむを得ずにした行為をいう(刑法36条1項)。

例 他人から殺されそうになったとき、自分の生命を守るためにやむを得ず反撃して相手を殺したというような場合

※ 緊急避難や自救行為とともに「緊急行為」に属し、犯罪の成立を阻却する違法性阻却事由の一つである。

2 成立要件

急迫不正の侵害があること			
急迫とは		法益侵害の危険が目前に押し迫っていること、すなわち、法益侵害の緊迫性を意味するが、必ずしも被害の現在性を要しない。	
	正当防衛は認められない	過去の侵害	不正な侵害行為がすでに終了し、しかももはや継続していないときは「急迫」とはいえないからである。
		未来の侵害	原則として正当防衛はあり得ない。ただし、あらかじめ設置しておいた物的防衛設備(忍び返し、有刺鉄線等)によって現実の切迫した侵害を防衛したときは、正当防衛となる。

法益侵害とは	「不正」なもの、すなわち、違法なものでなければならない。正当防衛は「正」対「不正」の関係である。 「正」←防衛行為 ┐ 　対　　　　　　├ 正当防衛 「不正」←侵害行為 ┘　が成立 **わな** 正当防衛行為や緊急避難行為に対しては、正当防衛はあり得ない。 ※責任無能力者の侵害行為に対しても正当防衛は可能。
侵害の態様	故意行為、過失行為、作為、不作為を問わない。 ※ 動物による侵害については、動物の飼主・管理者の故意・過失によって動物が襲撃してきたときには正当防衛が許される。

自己又は他人の権利を防衛するための行為であること

○ 防衛すべき権利は、広く法益を意味する。
○ 権利を侵害された本人だけでなく、第三者も防衛行為をすることができる。
○ 防衛行為は、防衛の意思に基づくことを要する。

やむを得ずにした行為であること

○ 客観的見地から社会通念に照らして判断したときに、当然性・妥当性をもつと認められる防衛行為でなければならない。
○ 補充の原則・法益権衡の原則（[7]：39頁参照）は必ずしも必要でないが相当性は必要

記憶法

急いで　権利を防衛するのは　やむを得ない。
　　　　　　自己又は他人の権利
急迫不正の侵害　　　　　　　やむを得ずに

---

6 正当防衛

3 過剰防衛
- ○ 防衛の程度を超えた場合である。
- ○ 違法性は阻却されないが、情状によりその刑が減軽又は免除されることがある（刑法36条2項）。

4 誤想防衛
- ○ 急迫不正の侵害がないのにそれがあるものと誤認・錯覚して防衛行為をした場合をいう。
- ○ 違法性は阻却されないが、事実の錯誤として故意犯は成立せず処罰規定がある場合に過失犯が成立する。

Check!

　正当防衛のほかに、違法性阻却事由はどんなものが挙げられるか
- □ 当せん金付証票法による宝くじ
- □ 競馬法による勝馬投票券
- □ 母体保護法による人工妊娠中絶
- □ 医師による治療行為
- □ ボクシング、相撲等のスポーツ行為

参考判例

「急迫」とは　最判昭46.11.16

　刑法36条にいう「急迫」とは、法益の侵害が現に存在しているか、または間近に押し迫っていることを意味し、その侵害があらかじめ予期されていたものであるとしても、そのことからただちに急迫性を失うものと解すべきではない。

「急迫不正」とは　東京高判昭27.12.2

　相手方が、突然暴言を吐きながら被告人宅に入ってきて、制止もきき入れず被告人に組みつき、その咽喉部を押さえ気絶させたことは、急迫不正の侵害にあたる。

「やむを得ずした行為」とは　最判昭44.12.4

　急迫不正の侵害に対する反撃行為が、自己または他人の権利を防衛する手段として必要最小限度のものであること、すなわち、反撃行為が侵害に対する防衛手段として相当性を有するものであることを意味する。

誤想過剰防衛　最決昭62.3.26

　空手３段の在日外国人が、酩酊した甲女とこれをなだめていた乙男とが揉み合ううち甲女が尻もちをついたのを目撃して、甲女が乙男から暴行を受けているものと誤解し、甲女を助けるべく両者の間に割って入ったところ、乙男が防御のため両こぶしを胸の前辺りに上げたのを自分に殴りかかってくるものと誤信し、自己及び甲女の身体を防衛しようと考え、とっさに空手技の回し蹴りを乙男の顔面付近に当て、同人を路上に転倒させ、その結果後日死亡するに至らせた行為は、誤信にかかる急迫不正の侵害に対する防衛手段として相当性を逸脱し、誤想過剰防衛に当たる。

練習問題

Q

次のうち、正しいものには○、誤っているものには×を記せ。

(1) 違法性阻却事由としては、正当業務行為、正当防衛、緊急避難、心神喪失、自損行為などがある。
(2) 「急迫」とは、法益侵害が間近に差し迫ったこと、すなわち法益侵害の危険が緊迫したことを意味するのではなく、あくまでも被害の現在性を意味する。
(3) 侵害行為は客観的に違法であれば足り、有責であることまで必要としないから、責任無能力者の侵害に対しても正当防衛は可能である。
(4) 「不正」の概念は相対的である。したがって、正当防衛に対する正当防衛もあり得る。

(5) 正当防衛は、侵害者に対する反撃行為であることを要し、第三者に対しての正当防衛はあり得ない。
(6) 喧嘩による闘争行為には、「喧嘩両成敗」により正当防衛の観念を容れる余地はないとするのが最高裁の態度である。
(7) 防衛されるべき法益は、個人的法益に限られている。国家的、社会的法益まで広げると、余りに広きに失し、刑法の厳格性が失われるからである。
(8) 甲は、乙が鎖につなぐのを怠っていた犬が幼児に嚙みつこうとしたので、石を拾って投げつけたところ、犬に当たり殺してしまった。甲の行為は正当防衛である。
(9) 甲は、泥棒よけに塀の内側に溝を掘っておいたところ、某夜、強盗の目的で侵入してきた乙がその溝に落ち込んで足の骨を折った。甲に正当防衛が成立する。
(10) 甲は、突然、乙から角材で殴りかかられたが、これをかわし、逃走した乙をつかまえ骨折させた。甲に正当防衛が成立する。

解　答

× (1) 心神喪失は、有責性の判断要素である。自損行為は、自救行為、被害者の承諾などとともに条理上の違法性阻却事由に属する。
× (2) 「急迫」とは、法益侵害の危険が目前に押し迫っていること、すなわち法益侵害の緊迫性を意味し、必ずしも被害の現在性を必要としない。
○ (3) 通説である客観的違法性説の立場からの結論である。主観的違法性説は、侵害者の有責性を要求している。
× (4) 法益侵害は「不正」なもの、すなわち違法なものでなければならない。したがって、適法な侵害行為に対しては正当防衛は認められないから、正当防衛行為や緊急避難行為に対しては正当防衛はあり得ない。
○ (5) 設問のとおりであるが、緊急避難になることはある。
× (6) 判例も以前は喧嘩には正当防衛はあり得ないとしてきたが、戦後、喧嘩闘争においても正当防衛が成立する場合があることを認めるに至っている（最判昭32.1.22）。
× (7) 判例（最判昭24.8.18）は、公益のための正当防衛等は、国家・公共の機関の有効な公的活動を期待し得ない極めて緊迫した場合においてのみ例外的に許容されるとこれを肯定している。
○ (8) 乙の犬をつなぐという義務に違反した過失行為に対する正当防衛である。
○ (9) 将来、侵害が生じたときにはじめて効果を生じるものであれば、やはり急迫の侵害に対するものといえる。また、溝を掘る程度のことは相当性の範囲内にあると考えられる。
× (10) 侵害行為が終わっており、正当防衛は成立しない。正当行為ではある。

6　正当防衛

論文対策

Q

甲が飲食店で飲酒中、暴力団員風の乙が来て、甲に「酒をおごれ」とたかり、甲がこれを断ったところ、乙は「その断り方が気に食わぬ」と因縁を付け、いきなり甲を殴り倒した上、なおもビール瓶を取って襲いかかった。そこで、甲は、とっさに手にした傘を突き出して相手の攻撃を防ごうとしたところ、その先端が乙の眼球に当たり重傷を負わせた。
甲の刑事責任について論ぜよ。

〔答案構成〕

1 結 論

甲の行為は正当防衛に該当するので、違法性が阻却されて犯罪が不成立となる。したがって、甲は何らの刑事責任を負わない。

2 正当防衛の要件

(1) 急迫不正の侵害があること
「急迫」とは法益の侵害が間近に押し迫ったことを意味し、必ずしも被害の現在性を意味しない。
「不正」とは、違法を意味し有責であることを要しない。

(2) 自己又は他人の権利を防衛するための行為であること
防衛の意思が必要である。

(3) やむを得ないで行った行為であること
社会通念に照らして、当然性・妥当性・相当性が必要である。

3 事例の検討

○ 闘争形態は喧嘩ではなく、乙の一方的攻撃である。
○ 乙の攻撃は、急迫不正の侵害に当たる。
○ 甲に防衛意思が認められる。
○ 手段・方法・結果は、当然性・妥当性・相当性の範囲内

7 緊急避難

組立て

緊急避難
- 意義
  自己又は他人の生命、身体、自由又は財産に対する現在の危難を避けるため、やむを得ずした行為は違法性を阻却する。

- 成立要件
  - 生命、身体、自由、財産に対する現在の危難があること。
  - やむを得ずした行為であること。
  - 避けようとした害の程度を超えないこと。

- 正当防衛との差異

- 業務上の特定義務者と緊急避難
  業務上特別の義務がある者には適用しない。

- 過剰避難
  違法性を阻却せず、刑の減軽又は免除となる。

- 誤想避難
  違法性を阻却せず、過失規定がある場合は過失犯が成立する。

要 点

1 意 義

「自己又は他人の生命、身体、自由又は財産に対する現在の危難を避けるため、やむを得ずにした」行為が、「これによって生じた害が、避けようとした害の程度を超えなかった」場合のことである（刑法37条1項）。

例 自動車に轢かれるのを避けようとして、他人を突き飛ばして負傷させたような場合

※ 緊急避難は、違法性阻却事由の一つである。

2 成立要件

自己又は他人の生命、身体、自由、財産に対する現在の危難があること。
・ 被害法益には、「名誉」や「貞操」も含まれる。 ・ 過去の危難や未来の危難に対しては緊急避難はない。 ・ 「危難」は、人の行為によるものに限らず、自然現象（大雨・洪水等）や特殊な社会関係（インフレ・経済困窮）、あるいは動物の動作によるものであってもよい。
危難を避けるためにやむを得ずにした行為であること。
・ 「避難の意思」が必要である。 ・ 「やむを得ずにした」とは、その避難行為がその危難を避けるための唯一の方法であって、ほかにとるべき方法がなかったことを意味し、これを「**補充の原則**」という。 ・ この補充性は、正当防衛における防衛行為の相当性よりも一層厳格である。
避難行為により生じた害がその避けようとした害の程度を超えなかったこと。
・ 避難行為によって侵害した法益と侵害を免れた法益とが権衡を保っていることが必要であり、これを「**法益権衡の原則**」という。 ・ 公益＞私益　身体＞財産　高額＞小額

記憶法　財産　補充で　健康（権衡）だ！
　　　　　　　　　　　　　　　　法益権衡の原則
　　　　　　　　　　　補充の原則
　　　　自己又は他人の生命・身体・自由・財産に対する危難

3 正当防衛と緊急避難の差異

区分 項目	正当防衛	緊急避難
行為の対象（相手方）	自己又は他人の権利に不正な侵害を加えた者（正対不正）	避けようとした危難に何ら関係のない第三者（正対正）
被害法益	あらゆる権利を防衛するために行い得る。	生命・身体・自由・財産（名誉・貞操も含まれる）に限られ限定的である。
補充の原則	権利行為であるから他に取るべき手段がないことを必要としない。	厳格である。他に取るべき手段のないことを必要とする。
危難の発生原因	原則として人間の行為（動物による場合は、管理者等の故意・過失を要する）	人間の行為・自然現象・動物・物によるとそのいかんを問わない。
法益権衡の原則	必ずしも要求されないが、相当性は必要	厳格に要求される。
損害賠償義務	民事的な損害賠償義務は生じない。	避難行為によって第三者に転嫁された損害の賠償が必要
行為の性質	権利行為である。（正当防衛に対する正当防衛はない）	放任行為である。（緊急避難に対する緊急避難はある）
業務上の特定義務者	制限はない。	業務上特別の義務のある者には適用されない。

7　緊急避難

4 業務上の特定義務者と緊急避難（刑法37条2項）
○ 業務上義務ある者には適用されない。
○ いかなる場合でも許されないということではない。

5 過剰避難（刑法37条1項ただし書）
○ 「避難の程度を超えた」場合をいう。
○ 違法性は阻却されないが、情状によりその刑が減免され得る。
○ 「補充の原則」違反と「法益権衡の原則」違反の二つの形態がある。

6 誤想避難
○ 現在の危難がないのに誤認・錯覚して避難行為をした場合をいう。
○ 違法性阻却はないが、故意は認められず過失犯の問題となる。

参考判例

「やむを得ずにした行為」とは　最判昭24.5.18
「已ムコトヲ得ザルニ出デタル」というのは当該避難行為をする以外には他に方法がなく、かかる行動に出たことが条理上肯定し得る場合を意味する。

緊急避難にあたる事例①　岡谷簡判昭35.5.13
バスの運転手が、自転車運転者の生命・身体の危難を避けるため、やむなくバスを急停車させた結果、乗客に負傷させた場合には、緊急避難が成立する。

緊急避難にあたる事例②　大阪高判昭45.5.1
道路上を時速約55キロメートルで進行していた被告人が、約3、40メートル前方に、道路中央線を突破して時速約70キロメートルで対向して来る普通乗用車を発見し、その間の走行時間が1秒前後である場合に、これとの衝突の危険を感じ、咄嗟に左に切把して約1メートル左に寄り、多少減速して離合することは、現在の危難を避けるため已むを得ざるに出た行為であり、

そのために、後続の単車と衝突して、その運転者に3週間の加療を要する第3中指骨鞍骨折等の傷害を与えても、対向車との正面衝突により発生すべき損害を超えるものでなく、緊急避難に当ると解すべきである。

緊急避難にあたる事例③　東京高判平24.12.18

捜査対象者からけん銃を頭部に突き付けられて覚せい剤の使用を強要されたため、断れば殺されると思い、仕方なく覚せい剤を使用した旨の被告人の供述は、その信用性を排斥できないというべきであるとし、被告人の行為は刑法37条1項本文の緊急避難に該当すると認められる。

過剰避難にあたる事例　東京地判平21.1.13

被告人が、普通貨物自動車を運転中に、左側車両通行帯に停車していた車両が突然、自ら進行中の通行帯に進出してきたため、これを回避しようとして、右側通行帯に進出したところ、このような場合、衝突の回避に必要な限度を超えて進路を変更して右側の通行帯の車両の進行を妨げることのないよう、進出を必要最小限にとどめるべき自動車運転上の注意義務があるのにこれを怠ったために、折から右側の通行帯を後方から進行してきたY運転の自動二輪車の進路前方を塞ぐ程度まで被告人車両を右側通行帯に進出させた過失により、Y車を転倒させて負傷させたとされた事案において、被告人は、避難のための回避手段の行使の方法を誤り、回避に必要な程度を超えて進出し、Yに傷害を負わせたものであり、被告人の本件行為は、現在の危難から避難するための行為が適切さを欠いたためにやむを得ない程度を超えたものであり、過剰避難に該当する。

過剰避難にあたらない事例　大阪高判平10.6.24

暴力団組事務所内で事実上監禁状態に置かれていた被告人が、監禁から脱出するため組事務所に放火した行為について、他に害の少ない、より平穏な態様での逃走手段が存在するなどの判示の事情の下では、刑法37条1項の「やむを得ずにした行為」には該当せず、過剰避難が成立する余地はない。

 練習問題

Q

次のうち、正しいものには〇、誤っているものには×を記せ。

(1) 緊急避難の前提となるべき被害法益について、法は、「生命・身体・自由・財産」を掲げるのみであるが、「貞操・名誉」に対しても緊急避難を認めるべきだとされている。
(2) 自己の責任によって招いた危難、すなわち自招危難に対しては、緊急避難が許されることがない。

(3) 乗っていた船が難破して、自分が溺れそうになったので、他人の持っている舟板を奪い、その人を水死させた。この場合、緊急避難が成立する。
(4) 消防署員が消火作業中、煙にまかれて窒息しそうになったので、隣家の垣根を壊し、その場を逃れた。この場合、緊急避難が成立する。
(5) 正当防衛と緊急避難は、基本的性格を異にするから、正当防衛の成立が厳格であるのに反し、緊急避難については比較的ゆるやかに認められる。
(6) 正当防衛行為、緊急避難行為ともに「やむを得ずにした」ものであることを要し、その行為がその場合における唯一の方法で、他にとるべき方法がなかったことを要する。
(7) 12歳の息子が熟睡中の母をナイフで刺し殺そうとしているのを目撃した父親が、やむなく、友人から預かっていた花瓶をその息子目がけて投げつけたが、息子に命中せず、壁に当たって壊れた。この場合、花瓶を壊したことについて、緊急避難が成立する。
(8) 甲は隣室の乙がガス自殺を図ったため、ガスが漏れてきたのでガス栓を閉める目的で隣室に立ち入った。緊急避難が成立する。

解 答

○ (1) 通説・判例の立場である。

× (2) 処罰を免れる目的で計画的に危難を招いた場合は、権利濫用で違法であるが、自己の故意・過失によって招いた危難であっても、それが全く予期できなかったものであるときは、これを避けるための行為は緊急避難となり得るとされている。

○ (3) 有名なカルネアデスの舟板の例である。生命対生命については、具体的事案に即し、法秩序全体の精神に照らして合理的に判断するよりほかない。

○ (4) 業務上の特別義務者も、その本来の義務と重ならない限り緊急避難が認められる。

× (5) 性格を逆に記述している。正当防衛は「正対不正」の関係に立つので、比較的ゆるやかに認められるのに反し、緊急避難は「正対正」の関係のため、その成立は厳格である。

× (6) 緊急避難の場合は、ほかにとるべき方法がなかったことが要求されるが、正当防衛の場合は、単に必要やむを得なかったと認定される程度でよいとされている。

○ (7) 刑事未成年者の行為も現在の危難といえる。また、現在の危難に対し直接功を奏さなくても緊急避難となり得る。

× (8) ガス自殺により、他人を巻添えにする行為は、不正の侵害といえるので、正当防衛が成立する。したがって、緊急避難は成立しないことになる。

 論文対策

Q

高校生の甲女は、某夜、付近に交番もない暗い路上を帰宅中、背後から若い男乙に襲われ、押し倒されたうえ物陰に連れ込まれて強いて性交されそうになったが、隙を見て逃げ出した。しかし、乙がなおも追跡してくるので、近くの丙宅の裏木戸を開けて庭内にかけ込み、さらに土足のまま丙方座敷に逃げ込んだところ、丙方家人が立ち騒いだので、乙は断念して庭先から立ち去った。

この場合、甲女は、どのような刑責を負うことになるか。

〔答案構成〕

1 結 論

甲女の行為は、住居侵入罪の構成要件に該当するが、緊急避難の要件を充足するので、違法性が阻却され犯罪が不成立となる。したがって、甲女は、何らの刑事責任を負わない。

2 緊急避難の成立要件

(1) 自己又は他人の生命・身体・自由・財産に対する現在の危難があること
(2) 危難を避けるためにやむを得ずにした行為であること（補充の原則）
(3) 避難行為により生じた害がその避けようとした害の程度を超えないこと（法益権衡の原則）

3 事例の検討

○ 貞操は、緊急避難の前提となるべき被害法益に含まれるか。
○ 補充の原則を充足させているか（甲女が丙宅に逃げ込む以外に適切な方法はなかったか）。
○ 法益権衡の原則を充足させているか（甲女の貞操と丙宅の住居の平穏の比較）。

8 責任能力

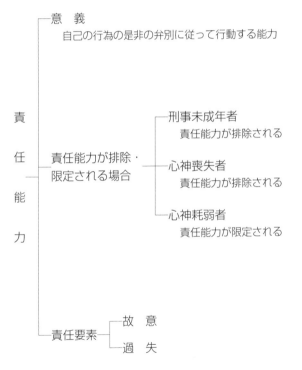

- 責任能力
  - 意義
    自己の行為の是非の弁別に従って行動する能力
  - 責任能力が排除・限定される場合
    - 刑事未成年者
      責任能力が排除される
    - 心神喪失者
      責任能力が排除される
    - 心神耗弱者
      責任能力が限定される
  - 責任要素
    - 故意
    - 過失

 要 点

1 意 義

責任能力とは、有責に行為する能力、すなわち、自己の行為の是非を弁別し、この弁別に従って行動する能力である。責任能力は刑事責任の基礎であり、責任能力を持つ者に対してのみ刑法的非難が可能である。

責任能力は、犯罪行為の時に存在することを必要とし、かつ、それで足りる。犯罪行為の時とは、実行行為の時であって、結果の発生時ではない。

2 責任能力が排除・限定される場合

刑事未成年者（責任無能力者として責任能力が排除される）

14歳に満たない者を刑事未成年者という。常に責任無能力者とされ、その行為は処罰されない（刑法41条）。生物学的に14歳未満でさえあれば、是非の弁別能力があったかどうかの心理学的要素に関係なく無条件に責任無能力とされる。ただし、触法少年には当たるので、少年法の規定により措置することとなる。

また、14歳以上の者であっても、心神喪失・心神耗弱の理由がない限り責任能力者であるが、青少年犯罪者の改善更正という見地から、犯行時に18歳未満であった刑事処分を受ける少年について死刑又は無期限をもって処断すべき場合でも刑が軽減される等の特則がある（少年法51条）。

心神喪失者（責任無能力者として責任能力が排除される）

心神喪失者は常に責任無能力者であり、その行為は処罰されない（刑法39条1項）。

心神喪失とは、精神の障害により、事物の是非善悪を弁識する能力がなく、又は、この弁識に従って行動する能力がない状態のことである。それは、意識喪失のことではない。意識喪失中の動作は、はじめから刑法上の行為ではなく、有責性の判断の対象とならない。

> **心神耗弱者（限定責任能力者として責任能力が限定される）**
>
> 　心神耗弱者は、限定責任能力者として限定された責任能力が認められその刑が減軽される（刑法39条2項）。
> 　心神耗弱とは、精神の障害が事物の是非善悪を弁識し、その弁識に従って行動する能力を欠く程度に達しないが、その能力が著しく減退している状態である。

3　責任要素

　有責性とは、行為者に対してその行為について非難が可能であったことをいうのであるから、有責性を認めるためには、責任能力のほかに責任要素を備えていることが必要である。責任要素には、故意（犯意）と過失がある。

故　意
故意とは、一定の犯罪事実を認識しながら、あえてその行為に出るという認容がある場合のことで、すなわち、罪を犯す意思である。刑法38条1項は、「罪を犯す意思がない行為は、罰しない。」と規定している（⑨：53頁参照）。
過　失
過失犯とは、構成要件的結果を故意なくして不注意により成立させるものであるが、過失犯は法律上特別の規定がある場合でなければ罰することはできない。過失犯はそれを処罰するための特別の規定がある場合に例外的に処罰される。 　不注意のためにその事実を認識しなかったという点でやはり責任ありとされるものである（⑩：59頁参照）。

練習問題

Q

次のうち、正しいものには○、誤っているものには×を記せ。

(1) 刑法上は、どんな人に責任能力を認めるかなどの規定はせず、逆にどんな人が責任能力をもたないかを規定し、責任無能力者あるいは限定責任能力者以外はすべて責任能力者としている。

(2) 14歳未満の者の行為であっても自己の行為の是非を弁別し、その弁別に従って行動できる場合には刑罰が科せられる。

(3) 心神耗弱者の行為については、死刑を科することができない。

(4) 責任無能力者は、心神喪失者及び14歳未満の者であり、これらの者は、構成要件に該当する行為をしても、有責性がなく、犯罪が不成立となる。

(5) 心神喪失の原因たる精神障害は、統合失調症・早発性認知症その他狭義の精神病、精神病質、知的障害のような継続的なものに限られ、酩酊・中毒・催眠状態のような一時的なものは含まれない。

(6) 責任能力とは、行為の是非を弁別し、かつ、この弁別に従って自己の行動を制限する能力をいい、後者を欠く場合には限定責任能力者とされる。

(7) 心神喪失者の行為については、必ず刑が減軽される。

(8) 平常時は心神喪失者でない者が、自らを心神喪失の状態に陥れ、その状態を利用して犯罪構成要件に該当する違法な行為をしたときは、責任は阻却されない。

解 答

○ (1) 設問のとおり。刑法は、責任能力を積極的に規定せず、逆に、責任能力を排除する場合を個別的に規定している。

× (2) 生物学的に14歳未満でさえあれば、是非の弁別能力があったかどうかの心理学的要素に関係なく無条件に責任無能力とされ、その行為は処罰されない。

○ (3) 心神耗弱は、刑の必要的減軽事由であるから、その行為については死刑が科せられることはない。

○ (4) 設問のとおり。刑法39条1項、41条参照。

× (5) 必ずしも継続的なものに限られず、酩酊・中毒・催眠状態のような一時的なものであってもよい。

× (6) 後者を欠けば責任無能力となる。限定責任能力者とは、責任能力者ではあるが、行為に対する支配力が減弱しているため、責任能力の面において緩和して扱おうとされているものである。

× (7) 心神喪失者は、常に責任無能力者であり、その行為は処罰されない。

○ (8) 自らを故意に責任無能力者に陥れる行為があった場合は、原因行為の開始前に責任能力を有していたことをもって、犯行時における責任能力の存在を肯定できる。

8 責任能力

 論文対策

Q

甲は、知能指数が20歳並みの13歳の中学生である。乙は成人であるが、是非の弁別能力とこの弁別に従って行動する能力が著しく減退している状態の者であった。

甲と乙は共謀して、平素なんのかんのと嫌がらせやいじめを行う丙の帰宅途中を襲い殺害した。

この場合、甲と乙はどのような刑責を負うか。

〔答案構成〕

1 結 論

甲と乙の行為は、殺人罪の構成要件に該当すると認められる。しかし甲は、刑事未成年者であるから、たとえ知能指数が高くても責任が阻却され処罰されない。また乙は、心神耗弱者と認められるので、限定責任能力者として有責であり、殺人罪の刑責を負うものの、その刑が減軽される。

2 責任能力の意義

責任能力とは、自己の行為の是非を弁別し、この弁別に従って行動する能力のことである。

3 責任能力が排除される場合

○ 責任無能力者
  ・刑事未成年者　・心神喪失者
○ 限定責任能力者
  ・心神耗弱者

4 事例の検討

○ 刑事未成年者は、生物学的に14歳未満であれば、心理学的要素に関係なく無条件に責任無能力とされる。
○ 心神耗弱者とは、心神喪失の程度には至っていないが、精神障害により事物の是非善悪の弁別又はこれに従って行動することの著しく困難なものをいい、刑が減軽される。

出題ランク	1	2	3
★★	/	/	/

9 故意と事実の錯誤

組立て

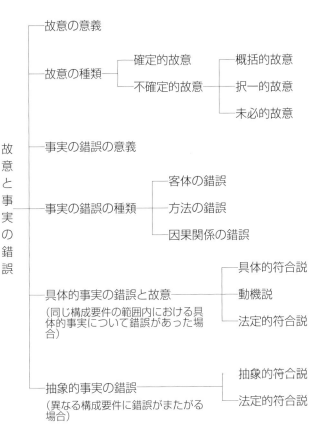

- 故意の意義
- 故意の種類
  - 確定的故意
    - 概括的故意
    - 択一的故意
  - 不確定的故意
    - 未必的故意
- 事実の錯誤の意義
- 事実の錯誤の種類
  - 客体の錯誤
  - 方法の錯誤
  - 因果関係の錯誤
- 具体的事実の錯誤と故意
  (同じ構成要件の範囲内における具体的事実について錯誤があった場合)
  - 具体的符合説
  - 動機説
  - 法定的符合説
- 抽象的事実の錯誤
  (異なる構成要件に錯誤がまたがる場合)
  - 抽象的符合説
  - 法定的符合説

9 故意と事実の錯誤 53

1 故意の意義

故意とは、犯意とも呼ばれ、罪となる事実の実現を意図し、あるいは、罪となる事実の発生を認識して行為する意思をいう。

しかし、違法性を認識していることまで必要としない。
故意について刑法38条1項は「罪を犯す意思がない行為は、罰しない」と規定している。なお、結果的加重犯は、重い加重的結果について故意を必要としない。

2 故意の種類

確定的故意		構成要件該当事実、殊に結果の発生を確実なものとして意欲した場合
不確定的故意	概括的故意	結果の発生を認識・認容していたが、一定の範囲内のいずれの客体に発生するか不確実であった場合 例 群衆中に爆弾を投げ込む。
	択一的故意	結果の発生を認識・認容し、しかも数個の客体のいずれかに発生することを確実なものとしていたが、いずれであるか不確実であった場合 例 A、Bのうちどちらか1人を殺害する意思で発砲。
	未必的故意	結果の発生を確実なものとして意欲しなかったが、それが可能なものとして認識し認容した場合 例 歩行者天国に乗り入れ高速で運転し、人をひいてしまっても構わないとの意思で継続した場合。 ※10(59頁)の認識ある過失とよく比較される。

3 事実の錯誤の意義

実際に発生した事実が、行為者の認識、予見していた内容と一致しない場合をいい、故意が阻却されるか否か問題となる。

4 事実の錯誤の種類

客体の錯誤	Aを殺すつもりで人違いによってBを殺したというように、本来の意図とは別個の客体に結果が発生した場合
方法の錯誤	Aを殺すつもりで発砲したところ、乙に命中したというように、本来の意図とは別個の客体に結果が発生した場合
因果関係の錯誤	溺死させるつもりで川に投げ込んだところ川底で頭を打って死亡したというように、行為者が認識していたところと異なった因果関係の経路により予期の結果が発生した場合

5 具体的事実の錯誤と故意（同じ構成要件の範囲内における具体的事実について錯誤があった場合）

具体的符合説	故意を認めるためには、行為者の認識と現実に発生した事実とが具体的に符合していることが必要であるとする。
動機説	動機を重視し、それを故意の判定の基準とする。
法定的符合説	行為者の認識と現実に発生した事実とが、構成要件の範囲内で符合、一致していれば発生した事実について故意を認めるもので、通説・判例は、この説によっている。

6 抽象的事実の錯誤（異なる構成要件に錯誤がまたがる場合）

抽象的符合説	行為者の認識と発生した事実とが抽象的に一致する限度において、成立した軽い罪の事実について故意を認めるとする。
法定的符合説	行為者が認識していた事実と実際に生じた結果に罪質的な重なり合いがある場合には、その重なり合う限度で故意を認めるとする。通説・判例はこの説に立っている。

 **練習問題**

Q

次のうち、正しいものには〇、誤っているものには×を記せ。

(1) 替え玉受験を請け負っても犯罪にはならないだろうと考え、大学入試を替え玉受験し、答案に依頼者である他人の氏名を記入した場合、有印私文書偽造の故意は阻却されず、有印私文書偽造罪が成立する。

(2) 甲は、乙を殺害しようと待ち伏せていたところ、丙が通りかかったので、これを乙と誤認して拳銃で射殺した。この場合、甲に過失致死罪が成立する。

(3) Aは、Bを殺害するつもりでBに向かって発砲したところ、その側にいたYに当たってYが死亡した。この場合、Aに、Bに対する殺人未遂罪とYに対する過失致死罪が成立し、両者は、観念的競合となる。

(4) 甲は、犬を殺すつもりで毒入りまんじゅうを置いておいたところ、近所の子供乙がこれを食べて死亡した。この場合、甲は過失致死罪の刑責を負う。

(5) 甲は、乙を殺すつもりで発砲したが、乙に当たらずその側にいた乙の愛犬に命中してこれを死なせた。この場合、甲は、殺人未遂罪の刑責を負う。

(6) Aは、駅の切符売場においてあったアタッシュ・ケースを遺失物だと思い、自分のものにするつもりで持ち去った。しかし、それは、そこから約2メートル離れたところで両替をしていたYが、一時そこに置いたものであった。Aに窃盗罪が成立する。

解 答

○ (1) 名義人の承諾を得た上でその名義で私文書を作成した場合、原則として私文書偽造罪は成立しないが、入試答案のように、性質上、名義人自身による作成が求められている文書についてはこの限りでないとするのが判例であり、そうした刑法の解釈を知らなかったとしても、単なる法律の錯誤にすぎず、故意は阻却されない。

× (2) 殺人罪が成立する。問題に特に何も指示がない場合は、判例の立場で判断すればよい。法定的符合説によると、行為の客体たる「人」が乙であるか甲であるかの点の錯誤(客体の錯誤)は、故意の成立に全く影響がないとされる。

× (3) 判例も、現在は、法定的符合説を採用し、AがBを殺すつもりでYを殺したのは殺人罪の構成要件である「人」に関しては、その認識・予見の内容と発生した事実との間に不一致はなく、「人」を殺す意思で「人」を殺したのであるからYに対する殺人罪(既遂)が成立するとしている。なお、Bに対する殺人未遂罪が成立するという点は正しい。

○ (4) 刑法38条2項に「重い罪に当たるべき行為をしたのに、行為の時にその重い罪に当たることとなる事実を知らなかった者は、その重い罪によって処断することはできない」と規定している。設問の場合もこれの適用があり、重い殺人罪については故意は認められないので過失致死罪となり、軽い器物毀棄罪の故意が残る。しかし、器物毀棄は未遂(犬の殺傷はない)であるので、現行法上本罪の未遂の処罰規定がないので不可罰となる。

○ (5) 過失による器物損壊罪は現行法上不可罰である。

× (6) 占有離脱物横領罪が成立する。抽象的事実の錯誤の事例であり、構成要件の重なり合う範囲において軽い事実について故意が認められることになる。

9 故意と事実の錯誤 57

論文対策

Q

極左暴力集団の活動家甲は、住宅地に所在するG施設にいる人物を殺害しようと計画し、同施設から約3キロメートル離れたマンションの一室に時限式発射装置を設置し、それをセットして逃走した。その数時間後、当該装置から重量約4キログラムの金属性物体5発が順次発射されたが、いずれもG施設を飛び越して命中せず、うち4発は、同施設付近の家屋屋上や庭先に落下した。他の1発は、付近を通行中のY女の頭部をかすめて路上に落下し舗装路面に穴を開けた。

この場合、甲の刑事責任について論ぜよ。

〔答案構成〕

1 結 論

甲は、殺人未遂罪の刑事責任を負う。

2 故意の意義と種類

(1) 故意の意義

犯意とも呼ばれ、罪となる事実の実現を意図し、あるいは、罪となる事実の発生を認識して行為する意思をいう。

(2) 故意の種類

ア 確定的故意

イ 不確定的故意

　(ア) 概括的故意

　(イ) 択一的故意

　(ウ) 未必的故意

(3) 事例の検討

ア 当該金属物体の人に対する殺傷能力

イ 未必的故意の成立

ウ 殺人未遂罪の成立

出題ランク	1	2	3
★★	/	/	/

10 過失犯

組立て

過失犯

- 意義
  構成要件的結果を故意なしに不注意により実現させるもの

- 過失犯の成立要件
  - 注意義務違反
    - 結果予見義務
    - 結果回避義務
  - 期待可能性
  - 因果関係

- 過失の種類
  - 犯罪事実の認識認容による区別
    - 認識のない過失
    - 認識のある過失
    - ※未必的故意との差異
  - 注意義務違反の程度による区別
    - 重過失
    - 軽過失
  - 業務性の有無による区別
    - 業務上過失
    - 普通過失

- 未必的故意と認識ある過失との差異

 要 点

1 意 義

過失犯とは、構成要件的結果を故意なくして不注意により実現させるものである。

しかし、過失犯は、法律上特別の規定がある場合でなければ罰することはできない。刑法38条1項は、「罪を犯す意思がない行為は、罰しない。」として故意犯を原則的な可罰対象とするとともに、「ただし、法律に特別の規定がある場合は、この限りでない。」として、明文規定によって例外的に過失犯も罰する旨を明らかにしている。刑法上過失が処罰されるのは、失火(116条)、過失激発物破裂(117条2項)、過失建造物等浸害(122条)、過失往来危険(129条)、過失傷害(209条)、過失致死(210条)などである。

2 過失犯の成立要件

注意義務違反 ※不注意とは注意義務に違反することである	
結果予見義務	その具体的事情の下において結果の発生を認識・予見しなければならない義務
結果回避義務	この認識・予見に従って結果の発生を防止するための必要適切な行為(作為・不作為)をしなければならない義務
わな	もし、行為者がおかれたものと同じ具体的事情の下で、一般通常人としても、行為者と同様にやはり結果の発生を認識・予見できなかったであろうと認められる場合(客観的予見可能性の不存在)や、結果発生を防止するための必要適切な行為をすることができなかったであろうと認められる場合(客観的回避可能性の不存在)には、過失犯は成立しない。

○ 注意義務は、法令・条理・社会通念により、しかも、個々の具体的事情に応じて決定される。

○ 交通事犯においては、人命の安全と交通の円滑との調和の見地から、危険の分配（注意義務の分担）、信頼の原則（自動車運転者としては、一般公衆が交通規則に従った注意深い行動をとるであろうという信頼の上に立って運転すればよい）の法理が論じられている。

期待可能性

その具体的事情の下では、注意義務を尽くすことが当然期待でき、かつ、結果発生を防止し得る適当な安全措置をとることが期待できたこと。

因果関係

行為者の過失行為によって構成要件に該当する一定の結果が発生したこと。

3 過失の種類

犯罪事実の認識・認容の態様による区別	
認識のない過失	犯罪事実の認識・認容を全く欠いている場合
認識ある過失	一応認識はあったが、その発生はないと信じていた場合で、未必的故意と比較される。
注意義務違反の程度による区別	
重過失	注意義務の程度の高い場合
単純過失（軽過失）	単純な過失の場合
業務性の有無による区別	
業務上過失	一定の危険業務に反復して従事する者に通常人より高度の注意義務を負わせ、それに違反した場合は、通常の過失犯より重く処罰される。
普通過失	業務性がない場合

4 未必的故意（9：53頁参照）と認識ある過失との差異

両者は、結果の発生の可能性を表象・認識している点で同じであるが、この表象・認識した結果発生の可能性をあえて認容したかどうかによって区別される。

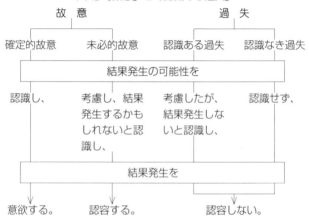

過失が処罰される刑法犯

個人的法益関係	過失傷害罪（209条）、過失致死罪（210条）、業務上過失致死傷罪（211条前段）、重過失致死傷罪（211条後段）
社会的法益関係	失火罪（116条）、過失激発物破裂罪（117条2項）、業務上失火罪（117条の2前段）、重過失失火罪（117条の2後段）、業務上過失激発物破裂罪（117条の2前段）、重過失激発物破裂罪（117条の2後段）
	過失建造物等浸害罪（122条）
	過失往来危険罪（129条1項）、業務上過失往来危険罪（129条2項）

参考判例

注意義務の標準　大判昭4.9.3

過失犯の成否は、行為当時において一般通常人が認識することができた事情及び行為者が特に認識していた事情を基礎とし、かつ一般通常人の注意を払うことによって犯罪事実を認識しえたかどうかによって決まる。

注意義務の態様　最決昭42.5.25

ある神社の著名な行事に、例年多数の参拝者が境内に参集する慣わしとなっている場合、その神社の職員は、その行事の一環として、拝殿前の広場で餅まき等の催しを行うにあたっては、多数の群衆が雑踏して転倒者が続出し、死者を生ずるおそれのあることを予見し、これを防止するため、あらかじめ相当数の警備員を配置し、参拝者の一方交通を行う等雑踏整理の手段を講ずるとともに、餅まきの時刻、場所、方法等を配慮し、その終了後参拝者を安全に分散退出させるべく誘導する等の措置をとる注意義務がある（弥彦神社事件）。

未必的故意の事例　広島高判昭36.8.25

飲酒酩酊し正常な運転ができないおそれがある被告人が、暗夜、前照燈に故障があって、前方注視がほとんど不可能な状態で、多数の者が歩行している道路上を、衝突の危険のあることを認識しながらこれを意に介せず、あえて貨物自動車を運転し、その歩行者等に突当てて転倒させた場合には、暴行の未必の故意がある。

未必的故意の事例　大津地判昭37.5.17

疾走中の自動三輪車を停車させようとして、その運転席付近にぶら下がった警察官が、「危ないから止めてくれ」といっているのを知った運転者が、警察官が墜落して死亡する危険のあることを認識しながら、あえて疾走を続けたときは、殺人の未必的故意が認められる。

 **練習問題**

Q

次のうち、正しいものには〇、誤っているものには×を記せ。

(1) 過失とは、不注意によって犯罪事実の認識ないし認容を欠いたことであり、不注意とは、注意義務に違反することである。

(2) 客観的注意義務とは、行為者の注意能力を標準として、予見可能な結果発生を回避するために一定の措置をとるべき義務のことである。

(3) 認識ある過失は、犯罪事実の認識があったが結果発生についての認容のない場合をいい、刑法上「認識なき過失」と同様に処罰される。

(4) 重過失とは、過失による結果がより重大なものをいう。

(5) そば店の店員甲が、自転車で出前の途中、前方注視を怠り、横断歩道を横断中の高齢者にぶつかり負傷させた。この場合、甲に業務上過失致傷罪が成立する。

(6) 狩猟中の者が、木陰にいるシカに銃を向けたところ、シカの後方に人の姿を認めた。一瞬、このまま撃てば弾が当たるかもしれないと思ったが、自分の技量からすれば当たることはないであろうと信じて弾を発射したが結果的に誤射し、死亡させた場合は、認識ある過失である。

(7) 甲は、妻乙と情交関係にある丙をこの世から抹殺すれば、妻の心を取り戻せるかもしれないと考え、丙方に行き、「お前のような奴は殺してやる」といいながら丙の心臓部等を包丁でメッタ突きにして殺した。この場合、未必的故意が成立する。

解　答

○ (1) 設問のとおり。

× (2) 行為者の注意能力ではなく具体的事情の下での一般通常人の注意能力を標準とする。

○ (3) いずれも、注意義務違反として同列だからである。

× (4) 重過失とは、注意を怠った程度の大きい場合、軽度の注意で足りるのに、それを怠った場合をいう。

× (5) 単純な過失傷害罪（若しくは重過失傷害罪）となる。業務上過失致死傷罪における業務とは、人が社会生活上の地位に基づき反復継続して行う行為であって、かつ、その行為は他人の生命・身体に危害を加えるおそれのあるものをいう。自転車は軽量で、運転操縦も自動車に比して著しく容易であるので、その危険性が社会生活上特別に重視しなければならない程度に至っていないため、業務に当たらない。

○ (6) 認識ある過失と未必的故意は、結果の発生の可能性を表象・認識した点では同じであるが、このように表象・認識した結果発生の可能性をあえて認容したか否かによって両者は区別される。「弾が当たるかもしれない。しかし、自分の技量からすれば、当たることはあるまい」と考えて死の結果の可能性を認容しなかった場合が認識ある過失であり、「弾が当たるかもしれない。しかし、そうなってもかまわない」と考えて死の結果発生の可能性を認容した場合が、未必的故意である。

× (7) 未必的故意でなく確定的故意である。動機、手段、方法に殺害という結果の発生を確定的なものとして意欲していたことが十分に認められる。

 論文対策

Q

狩猟免許を持つ甲は、狩猟が解禁となったので山中に入り獲物を求めていたところ、50メートル前方にキジを発見したので猟銃で狙いをつけたが、その背後の崖で山菜を採っている乙の姿も目に入った。キジに向かって発射すると、あるいは狙いがはずれて乙に命中するかもしれないが、腕に自信があるから大丈夫だと判断して発射したところ、案に相違して乙に命中し、乙は即死した。

この場合、甲はどのような刑責を負うか。

〔答案構成〕

1 結 論
甲は、業務上過失致死罪の刑責を負う。

2 過失犯の意義
過失犯とは、構成要件的結果を故意なくして不注意により実現させるものである。

3 過失犯の成立要件
(1) 注意義務違反
　ア　結果予見義務
　イ　結果回避義務
(2) 期待可能性
(3) 因果関係

4 認識ある過失と未必的故意との差異
結果発生の可能性の認容の有無

5 事例の検討
○　注意義務違反の有無
○　「認容」の有無
○　期待可能性の有無
○　過失とは、不注意によって犯罪事実の「認識」ないし「認容」を欠いたことである。

11 未遂犯

  組立て

未遂犯
- 意義
  - 犯罪の実行に着手したが、行為が中途で挫折したり、行為は終了したが結果の発生をみなかった場合
- 未遂犯を処罰する理由
  - 主観説
  - 客観説
- 未遂犯の要件
  - 犯罪の実行に着手したこと
  - 犯罪を完成するに至らなかったこと
- 未遂犯の種類
  - 態様による区別
    - 着手未遂
    - 実行未遂
  - 原因による区別
    - 障害未遂
    - 中止未遂
- 予備と陰謀
  - 予備
  - 陰謀

 要 点

1 意 義

未遂犯とは、「犯罪の実行に着手してこれを遂げなかった」場合である（43条）。犯罪の実行に着手したが、なんらかの事情により行為が中途で挫折したり、行為は終了したが結果の発生をみるに至らなかった場合をいう。

刑法は、各本条において、犯罪の実行に着手し構成要件を完全に充足した場合を既遂とし、これを基準として法定刑を定めている。未遂が罰せられるのは、各本条において特に未遂を罰する旨の規定がある場合に限られる（44条）。

しかし、この規定も、やはり一つの構成要件であり、本来の構成要件を基本にしながら、これを修正した形の構成要件で、未遂犯は、これを充足することにより成立することになる。

2 未遂犯を処罰する理由

結果の発生を見ない未遂犯がどうして処罰されるのかという理由については、主なものとして主観説と客観説がある。

主観説	犯意をもって犯罪の実行に着手した者は、それによって既に社会的危険性を現わしたものであるから処罰すべきであるとする。
客観説	処罰の理由を行為の危険性に求めている。当該行為が構成要件を充足させる可能性が大きいために処罰されるとするもの。

3 未遂犯の要件

未遂犯の成立要件は、犯罪の実行に着手したこと、及び犯罪を完成するに至らなかったことの二つである。したがって、実行の着手がない以上、予備あるいは陰謀として処罰される場合は格別、その他の場合は処罰されることはない。

犯罪の実行に着手したこと

実行の着手についても、主観説と客観説との対立がある。主観説によれば、犯意がその遂行的行為により確定的に外部に現われた時であるとし、客観説では、構成要件に該当する行為の一部が開始された時であるとする。
判例は、客観説の立場に立ち、基本的構成要件に属する行為に着手すること、あるいはこれに直接密接する行為を行うことが実行の着手であるとしている（大判昭9.10.19）。
一見、実行の着手があったようにみえても、行為の実体が構成要件の実現の可能性のまったくないものは不能犯で未遂犯と区別される。

犯罪を完成するに至らなかったこと

未遂犯は、犯罪の不完成を前提とする。行為者が主観的に目的とした事実を完成しないときでも客観的に構成要件を充足していれば既遂である。

 Check!

「実行の着手」の具体例
- □ 窃盗罪　窃盗の目的で人の家屋に侵入し、財物を物色したとき（最判昭23.4.17）
- □ 窃盗罪（スリ）　ポケットに手を差しのべその外側に触れたとき（最決昭29.5.6）
- □ 強姦罪　自動車の運転席に引きずり込んだとき（最決昭45.7.28）
- □ 放火罪　家屋を焼損する目的でガソリンを室内全体に撒いたとき（横浜地判昭58.7.20）

4 未遂犯の種類

態様による区別	
着手未遂	実行行為に着手したが、実行行為自体が終了しない場合
実行未遂	実行行為は終了したが結果が発生しない場合

原因による区別	
障害未遂	自己の意思によらないで未遂となった場合をいう。すなわち、他人のために行為を中断させられ、またその他無関係な事情により結果が発生しなかったような場合をいう。この場合、刑を減軽することができる（43条）。しかし、事情によっては既遂と同じ刑を科すことができる。
中止未遂	自己の意思により行為を中止した場合をいう。中止未遂の場合は、必ず減軽又は免除することになっている（43条ただし書）。なお、犯罪の発覚をおそれて中止した場合、また告訴されるおそれがあるためやむなく中止した場合は、中止未遂ではなく障害未遂である。

5 予備と陰謀

犯罪がどの段階から処罰されるかは犯罪によって異なり、重大な犯罪については未遂の段階で処罰され、極めて重大な犯罪については、予備や陰謀の段階（実行の着手前）で処罰する規定がおかれている。

予 備	実行行為すなわち犯罪構成要件に該当する行為に着手する以前の行為で、基本犯実現の目的でその準備のためにする行為をいう。特に規定のある場合のみ処罰される（例：内乱、私戦、通貨偽造等）。
陰 謀	2人以上の者の間に、一定の犯罪を行うことの合意をいう（内乱、外患、私戦の三罪だけ）。

参考判例

窃盗罪の既遂　東京高判昭27.12.11

窃盗犯人が、盗品の衣類を、用意した南京袋に入れてしばり、勝手口まで運び出したときは、窃盗罪は既遂である。

殺人罪の実行の着手の成否　最決平16.3.22

クロロホルムを吸引させて失神させた被害者を自動車ごと海中に転落させてでき死させようとした場合において、クロロホルムを吸引させて失神させる行為が自動車ごと海中に転落させる行為を確実かつ容易に行うために必要不可欠であり、失神させることに成功すれば、それ以降の殺害計画を遂行する上で障害となるような特段の事情が存しなかったなど判示の事実関係の下では、クロロホルムを吸引させる行為を開始した時点で殺人罪の実行の着手があったと認められる。

姦淫罪の中止未遂　東京高判平19.3.6

被害者は抵抗するも逃れることができず、スカート等を押さえながら「警察を呼ぶ」などと言ったところ、被告人は咄嗟に正気に戻り、このまま強引に姦淫すれば警察に捕まってしまう、刑務所には行きたくないと思って被害者の身体から手を放して被害者に謝った隙に被害者は客室から逃れている。被告人は自ら犯行を翻意したもので、その動機は刑務所に行きたくないということであって被害者への憐憫や真摯な反省からではないとしても、なお姦淫について被告人が自らの意思で中止したと認めるのが相当である。

中止犯が認められない事例①　大判昭12.9.21

放火の時刻が遅く、発火が払暁に及ぶおそれがあったため、犯罪の発覚を恐れて火を消止めた場合は、中止犯ではない。

中止犯が認められない事例②　大判昭21.11.27

窃盗犯人が、目的物を発見できずに、犯行を断念した場合は、中止犯とはならない。

中止犯が認められない事例③　名古屋高判昭26.2.24

恐喝犯人が、被害者に金の持合わせがないと知って犯行を断念したときは、中止犯ではない。

練習問題

Q

次のうち、正しいものには○、誤っているものには×を記せ。

(1) 刑法は、各本条に特に定めた場合に限り未遂犯を罰する。
(2) 不動産侵奪罪、横領罪、背任罪、詐欺罪、住居侵入罪については、いずれも未遂犯を処罰することができる。
(3) 住居の侵入を伴う窃盗罪の実行の着手は、いわゆる金品物色行為を終え、目的物に手を触れた時に実行の着手があったとされている。
(4) 甲は、乙宅に放火しようとして、乙宅の物置にあった新聞紙に火をつけたが、今日は日が悪いので後日機会をみて犯行しようと思い火を消した。この場合、甲の行為は中止未遂となる。
(5) 甲女は、乙を殺そうと思い、硫黄の粉末を味噌汁に入れて飲ませたが、乙はそのために腹痛を起こし下痢しただけで死にいたらなかった。この場合、甲は、殺人未遂罪の刑責を負う。

(6) 強盗犯人甲は、強取した現金を持っていったん被害者乙宅を出たが、乙が唱える念仏の声を聞いて良心がよみがえり、現金を被害者宅に置いて帰った。甲に中止未遂が成立する。
(7) Aは、Bと共謀し、C女を山中に連れ込んで押し倒したが、Aはかわいそうになり、「俺はやめた」といって立ち去った。その後、Bは1人でC女を強いて性交した。この場合、Aに中止未遂が成立する。
(8) 甲は、乙宅に放火しようと軒下の薪に火をつけたが、怖くなり、「放火したから頼む」と言って逃げ出した。乙宅家人はこれを聞き、住宅に延焼する前に消火した。中止未遂とはならない。

解 答

- ○ (1) 刑法44条
- × (2) 横領罪には、未遂処罰の規定がない。
- × (3) 侵入窃盗の実行の着手時期としては、いわゆる物色説が判例の見解とされており、被害客体に手を触れることまで要求されてはいない。
- ○ (4) 中止未遂は、後悔・悔悟の念から中止することが代表的な例ではあるが、後悔・悔悟の念が必ず必要なわけではない。設問のような場合でも自発的にやめたときは、中止未遂となる。
- × (5) 不能犯で殺人未遂罪は成立しない。不能犯とは、行為の性質上、そもそも構成要件実現の危険性がないために処罰の外におかれる行為である。これには、方法の不能(例:迷信犯)と客体の不能(例:客体の不存在)とがある。未遂犯と不能犯との区別は、実行行為の定型性にあり、客観的に一般人の合理的判断において、結果発生の可能性があれば未遂犯となり、なければ不能犯となる。設問の場合も、「方法の不能」である(大判大6.9.10)。
- × (6) 強盗罪は既遂に達しており、甲の行為は事後行為となり、中止未遂の適用の余地がない。
- × (7) 中止未遂は成立しない。共同正犯の場合、他の共犯者の実行を阻止するか、結果の発生を阻止することを要する。自分だけ途中で翻意して立ち去っても中止未遂とはならない。
- ○ (8) 結果の発生を防止する真摯な努力を払ったとはいえないので中止未遂は成立せず、障害未遂となる。

11 未遂犯

論文対策

Q

暴力団員甲は、対立抗争中の相手方組長乙を発見したので、前夜心配した内妻が拳銃から弾丸を抜き取った事実を知らないで、てっきり弾丸が入っているものと思い込み、所持している拳銃で射殺する意思の下に至近距離から乙の心臓を狙って引き金を引いた。

この場合の甲の刑事責任について論ぜよ。

〔答案構成〕

1 結 論

甲の行為は、不能犯ではなく、殺人未遂罪としての刑事責任を負う。

2 論 点

甲の行為は、不能犯か殺人未遂か。

3 不能犯

行為の性質上、そもそも構成要件実現の危険性がないために処罰の外におかれる行為である。

4 未遂犯

(1) 意 義

犯罪の実行に着手してこれを遂げなかった場合(刑法43条)

(2) 要 件

① 犯罪の実行に着手したこと。

② 犯罪を完成するに至らなかったこと。

5 不能犯と未遂犯の区別

一般通常人なら結果発生の危険感を抱くかどうか。

6 事例の検討

甲の拳銃が空であることを容易に察知させるに足る客観的状況はなく、一般通常人なら乙の死の発生を信じ、危険感を抱く。

出題ランク	1	2	3
★★★	/	/	/

12 共 犯(1)

組立て

共犯
- 意 義
  2人以上の行為者が、互いに意思を連絡して、犯罪構成要件を違法・有責に実現する行為
- 必要的共犯
  - 集合的犯罪（集団犯・多衆犯）
    例 内乱罪・騒乱罪
  - 対立的犯罪（対向犯・会合犯）
    例 賄賂罪・重婚罪
- 任意的共犯
  - 共同正犯
    - 意 義
    - 要 件
  - 教唆犯
    - 意 義
    - 要 件
  - 幇助犯
    - 意 義
    - 要 件

要 点

1 意 義

共犯とは、2人以上の行為者が、互いに意思を連絡して、犯罪構成要件を違法・有責に実現する行為をいう。意思の連絡が必要とされる点で、共犯は同時犯と相違し、また、2人以上の者の行為が必要とされる点で、単独犯と区別される。

2 必要的共犯

犯罪の性質上、2人以上の者の意思の連絡のある行為を必要とするものである。

集合的犯罪	内乱罪・騒乱罪のように2人以上の行為者の共同行為が同一の目標に向けられている（集団犯、多衆犯）
対立的犯罪	賄賂罪・重婚罪のように2人以上の行為者の行為が相対する方向から合致する（対向犯、会合犯）

3 任意的共犯

本来は単独犯として犯される犯罪を2人以上の行為者が意思の連絡の下に犯す場合で、通常、共犯というときはこれである。

共同正犯	
意義	共同正犯とは、2人以上の者が共同して犯罪を実行することをいう（60条）。共同正犯は、複数の正犯であり、正犯の一種である。
要件	① 共同実行意思の連絡　相互の協力により犯罪構成要件を実現しようとする意思が2人以上の者の間に存在すること わな ○ 必ずしも事前の打合せによる必要はない。 ○ 意思連絡の方法は明示的でも黙示的でもよい。 ○ 過失犯についても共同正犯は成立し得る。

	② 共同実行の事実　2人以上の者が共同して実行行為をすることを要する。共同加功の事実・行為の分担ともいう。 　**判例は共謀共同正犯理論を採用しているので、解答（特にSA）はそれによらねばならない。** 「共謀共同正犯」とは、2人以上の者がある犯罪について共謀すれば、共謀者各人による実行行為の分担を必要とせず、その中の1人が実行をしただけでも、直接行為に出なかった者も含めて共謀者全員に共同正犯が成立するという理論である。

教唆犯

意義	教唆犯とは、人を教唆して犯罪を実行させることである（61条1項）。 ○　教唆とは、人を唆して犯罪実行の決意を生じさせることである。
要件	①　教唆行為が存在すること ○　教唆方法としては、命令・指揮・指示・嘱託・誘導・甘言・欺く行為・哀願・利益提供等がある。 ②　被教唆者が教唆行為に基づいて犯罪の実行を決意したこと 教唆以前に既に決意を固めていた者に対しては教唆行為はあり得ない（意思を更に固めたとして幇助犯となる）。 ③　被教唆者が犯罪を実行すること（教唆犯の従属性） 被教唆者が実行に着手しないときは教唆の未遂にもならない。

幇助犯（従犯）

意義	幇助犯とは、正犯を幇助することである（62条1項）。従犯ともいう。 ○　方法には、物質的援助・精神的援助がある。
要件	①　幇助行為が存在すること ②　被幇助者が犯罪を実行すること

練習問題

Q

次のうち、正しいものには〇、誤っているものには×を記せ。

(1) Aが屋内で強盗を行っている最中、Aの知らない間にBが見張りをしていた場合、Bも共同正犯として処罰される。

(2) 教唆は、特定の犯罪を実行する決意を生じさせることを要するから、単に「悪いことをせよ」というような命令は教唆とはいえない。しかし、実行すべき犯罪を特定している限り、日時・場所・方法・被害者・目的物等を具体的に指示しなくてもよい。

(3) 「未遂の教唆」とは、被教唆者の実行行為が未遂に終わった場合をいう。

(4) 教唆者を教唆した間接教唆も正犯に準じて処罰されるが、この間接教唆をさらに教唆した再間接教唆は処罰されない。

(5) 教唆犯の処罰は正犯の刑を科するとされるが、これは正犯に適用すべき構成要件の法定刑の範囲内で処罰されるというだけの意味であり、正犯が処罰されることを条件に処罰されるという趣旨ではない。

(6) 幇助の行為は、正犯の実行行為に先行して予備的にのみ行われなければならない。

解 答

× (1) 共同実行者の一部の者だけが共同実行の意思を有し、他の者にそれが欠けていた場合は、いわゆる「片面的共同正犯」に当たるので、共同正犯とはならない。したがって、各行為者は、各自の行為につき独立して責任を負うことになるから、Aは強盗罪、Bは強盗の幇助犯となる(幇助犯については片面的にも成立する)。

○ (2) 設問のとおり。

× (3) 「未遂の教唆」とは、被教唆者の実行行為が未遂に終わることをはじめから認識しながら教唆する場合をいい、被教唆者の実行行為が未遂に終わった場合を「教唆の未遂」という。

× (4) 再間接教唆も処罰される。

○ (5) 正犯を処罰せず、教唆犯だけを処罰することも可能である。しかし、拘留・科料にのみ処せられるべき罪の教唆者は、幇助犯の場合と同様、特別の規定(例:軽犯罪法3条)がなければ処罰されない(刑法64条)。

× (6) 予備的に行われても、正犯の実行と同時に随伴的に行われてもよい(随伴的従犯)。しかし、実行行為終了後には幇助はあり得ない(事後従犯の概念は認められていない)。

(7) Aは、BがCに暴行を加えて傷害を負わせた後、共謀加担して、更に暴行を加えCの傷害を相当程度重篤化させた。Aは、承継的共同正犯の責任を負う。

(8) 教唆犯も幇助犯も、その刑は、正犯の刑を減軽する。

(9) A、B、Cは、Yの殺害について謀議し、Cが1人で出かけてYを殺害した。その間、A、Bは同所で待っていた。この場合、A、Bは教唆犯にとどまる。

× (7) 判例（最決平24.11.6）は、「被告人の共謀及びそれに基づく行為と因果関係を有しない共謀加担前に既に生じていた傷害結果については、傷害罪の共同正犯としての責任を負うことはなく、共謀加担後の傷害を引き起こすに足りる暴行によって傷害の発生に寄与したことについてのみ、傷害罪の共同正犯としての責任を負う」と判示している。

× (8) 幇助犯については、正犯の刑を減軽するが、教唆犯の処罰は、正犯の刑を科する。

× (9) Cは、全員の共同実行の意思に基づいて共謀者全員のために実行行為をし、A、Bはそれによりそれぞれの意思を実現したのであるから、全員が共謀共同正犯として殺人罪の刑責を負う。

論文対策

Q

A、B、Cは、甲方に侵入して現金を盗むことを相談し、後日、甲方に向かって出発したが、途中、Cは改悛の情から窃盗の意思を放棄して、その旨をA、Bに告げ、A、Bの承諾を得て帰宅した。その後、A、Bは、計画どおり甲方に向かい、Aが見張りをし、Bが甲方に侵入して現金を窃取した。

この場合、A、B、Cの刑責について述べよ。

〔答案構成〕

1 共謀共同正犯

(1) 成立要件

共謀とは、2人以上の者が特定の犯罪を行うため、共同意思の下に一体となって互いに他人の行為を利用して、各自の意思を実行に移すという確定的な意思の合致をいい、単に他人の犯行を認識しただけでは共謀があったとはいえない。

(2) 共謀関係の離脱

実行着手前においては、離脱しようとする者がその意思を他の共謀者に表明し、それらの者が正確にこれを受領して了承した事実があれば、実行行為の進行を阻止するための積極的な行為がなくても、共謀関係からの離脱を認め、共同正犯の刑責を免れる。

2 事例の検討

A、Bは、住居侵入罪及び窃盗罪の共謀共同正犯としての刑責を負う。

Cは、共謀関係からの離脱が認められ、刑責を負わない。

A、Bであるが、共同して犯罪を行う意思を形成するだけの共謀が認められ、共謀共同正犯として刑事責任を負うこととなる。

出題ランク	1	2	3
★★★	/	/	/

13 共 犯(2)

組立て

共犯をめぐる諸問題
- 共犯の競合
- 共犯と錯誤
  - 具体的事実の錯誤
  - 抽象的事実の錯誤
- 共犯関係からの離脱
  - 共同正犯
  - 教唆犯・幇助犯
- 共犯の未遂
  - 障害未遂
    - 共同正犯
    - 教唆犯・幇助犯
  - 中止未遂
    - 共同正犯
    - 教唆犯・幇助犯
- 共犯と身分
  - 真正身分犯に対する非身分者の加功
  - 不真正身分犯に対する非身分者の加功

要 点

1 共犯の競合

- 共同正犯・教唆犯・幇助犯が競合するときは、軽い形式が重い形式に吸収される。
- 教唆犯・幇助犯→共同正犯　幇助犯→教唆犯に吸収される。

2 共犯と錯誤

具体的事実の錯誤の場合

認識のくい違いが同じ構成要件内にある具体的事実の錯誤の場合は、故意は阻却されない。

例 AとBがXの殺害を共謀し、BがXのつもりでYを殺害したときは、AとBはYに対する殺人罪の共同正犯となる。

例 AがBにXの殺害を教唆したところ、Bが見誤ってYを殺害した場合にも、Aに殺人罪の教唆犯が成立する。

抽象的事実の錯誤の場合

認識のくい違いが異なる構成要件にまたがる抽象的事実の錯誤の場合は、原則として共犯の故意は阻却されるが、例外的にそれぞれの基本的構成要件が罪質的に重なり合うときは、その重なり合う限度で共犯の故意が認められる。

例 AがBに対しXに傷害を加えることを教唆したところ、Bが殺意をもってXを殺害したときは、傷害罪と殺人罪の重なり合う部分である傷害致死罪の教唆犯が成立する。

3 共犯関係からの離脱

共同正犯

2人以上の者が共謀したが、実行の着手前、犯意を放棄した共謀者がこれを他の共謀者に明示してその了承を得たときは、共同正犯関係は消滅する。

教唆犯・幇助犯

正犯の実行前に教唆・幇助の意思を放棄し、それが客観的に

認められれば共犯関係は消滅する。

実行に着手後は、共犯関係の離脱はない。中止犯の成否の問題となるだけである。

4 共犯の未遂

共犯の障害未遂

○ 共同正犯の障害未遂は、共同者全員が結果を発生させなかったときに認められる。
○ 教唆犯・幇助犯は、正犯が実行に着手したが、それが未遂に終った場合に未遂となる。

共犯と中止未遂

○ 共同正犯においては、中止者が他の共犯者に働きかけてその実行を阻止するか、結果の発生を現実に阻止すれば中止犯となる。
○ 教唆犯・幇助犯においても、自らの意思で正犯の犯罪の完成を阻止したときに中止犯となる。

5 共犯と身分

真正身分犯に対する非身分者の加功

「犯人の身分によって構成すべき犯罪行為に加功したときは、身分のない者であっても、共犯とする」(65条1項)。

例 窃盗犯人でない者が、窃盗犯人と知った上で、これと共謀して、その逮捕を免れさせる目的で警備員に対して暴行を加え傷害を負わせた場合、事後強盗致傷罪の共犯となる。

不真正身分犯に対する非身分者の加功

「身分によって特に刑の軽重があるときは、身分のない者には通常の刑を科する」(65条2項)。

例 185条 賭博(185条)と常習賭博(186条1項)

なお、業務上横領罪(253条)は、「他人の物の占有者」にのみ成立するという点で真正身分犯であり、「業務者」であるという点では横領罪に対する不真正身分犯である。

練習問題

Q

次のうち、正しいものには○、誤っているものには×を記せ。

(1) 甲と乙が丙方宅に侵入して窃盗をすることを共謀し、甲が見張りをしていたところ、乙が屋内で強盗を犯した場合、甲は住居侵入・強盗罪の共同正犯となる。

(2) 甲が乙に殺人を教唆したところ、乙が既に殺人の決意をしていたため、その教唆行為で決意が強められて殺人を敢行した場合には、甲に殺人幇助罪が成立する。

(3) Aが情を知らないBを利用してXを殺すため毒薬を投与させようとしたところ、BはAの意図を看破したが故意をもってXを毒殺した場合には、Aは殺人（正犯）罪の刑責を負う。

(4) 甲は、乙に対し、Y電器店の倉庫のビデオカメラを窃取するように教唆したので、乙は同倉庫に入ったが、在庫品がなかったため未遂に終わった。甲は、未遂の教唆となる。

(5) 甲、乙、丙は強盗を共謀しY宅に押し入ったが、甲は、悔悟し、「俺はやめたぞ」と言って立ち去った。乙と丙は、その後も脅迫を続けてYから現金100万円を強奪した。この場合、甲に中止犯が成立する。

(6) 甲は、公務員である乙と共謀し、乙の職務に関して業者丙から金品の供与を受けた。この場合、乙に収賄罪が成立するが、公務員でない甲には、収賄罪が成立する余地はない。

(7) 暴力団員甲は、S信用組合預金係乙と共謀して、乙の保管中の現金1,000万円を横領した。この場合、甲・乙は業務上横領罪の共同正犯である。

(8) Aは、BがXを殺害しようとしているのを知って短刀を貸与したが、やがてその非を悟ってその短刀を取り戻した。その数日後、Bは別の凶器でXを殺害した。Aは殺人幇助犯となる。

 解　答

× (1) 窃盗と強盗は構成要件が異なるから抽象的事実の錯誤となり、窃盗と強盗が盗取の範囲で重なり合うから、Aについては、認識していた住居侵入・窃盗罪の限度で共同正犯となる。

○ (2) 異なる共犯形式間の錯誤の問題である。この場合は、軽い共犯形式が成立するので、教唆の意思で幇助の結果が発生したわけであるから、甲に軽い方の殺人幇助罪が成立することになる。

○ (3) 共犯と間接正犯との錯誤の問題である。間接正犯の意思で教唆の結果が生じた場合は、教唆犯は間接正犯に吸収されるので、設問の場合は、Bと競合的に正犯になる。

× (4) 甲は、窃盗教唆の未遂となる。「未遂の教唆」とは、教唆者が、正犯者の実行行為が未遂に終わることをはじめから認識若しくは意図して教唆し、そのため、正犯者が犯罪の実行行為に出たが未遂に終わった場合をいう。

× (5) 甲には中止犯は成立せず、強盗既遂罪の共同正犯が成立する。共同正犯の場合は、そのうちの1人が途中で意思を変更して犯行を中止しても、他の共犯者の実行を阻止するか、結果の発生を阻止しない限りは、中止犯の適用はないとされている。

× (6) 甲は、乙とともに収賄罪の共同正犯となる。身分犯（一定の身分を有する者だけが行為主体となり得る犯罪）の犯罪行為に加功したときは、身分のない者も共犯となる（刑法65条1項）。

○ (7) 甲・乙ともに業務上横領罪の共同正犯となる。そして、乙は業務上横領罪により科刑されるが、甲は業務者という身分がないので通常の横領罪の刑が科せられる（刑法65条2項）（最判昭32.11.19）。

× (8) Aに、殺人罪の幇助犯は成立しない。Bの実行の着手前に翻意したAが、Bから貸与した短刀を取り戻すことによって幇助者と正犯との関係が解消しているからである。

 論文対策

Q

知人の不動産業者乙が同業者丙と取引上のトラブルからその意趣返しのために丙に傷害を加えようとしているものと思った甲が、乙に凶器となり得る棍棒1本を貸与したところ、乙は、殺意をもって丙を殴り殺してしまった。

この場合、甲は、どのような刑責を負うことになるか。

〔答案構成〕

1 結 論

甲は、傷害致死罪の幇助犯としての刑責を負う。

2 幇助犯

(1) 意 義

幇助犯とは、正犯を幇助することである(刑法62条1項)。

(2) 幇助の方法

物質的援助(凶器・金銭の貸与、犯罪場所の提供等)であっても、精神的援助(助言・激励等)であってもよい。

3 幇助犯における錯誤

(1) 具体的事実の錯誤

幇助犯の故意は阻却されない。

(2) 抽象的事実の錯誤

原則として幇助犯の故意は阻却されるが、例外的にそれぞれの構成要件が重なり合うときは、その限度で幇助犯の成立が認められる。

4 事例の検討

○ 棍棒の貸与は幇助に当たる。

○ 傷害の範囲内で重なり合う。傷害致死罪は傷害の結果的加重犯である。

出題ランク	1	2	3
★★	/	/	/

14 罪　数

組立て

- 罪数
  - 本来的一罪
    - 単純一罪
      - 集合犯
        - 常習犯
        - 営業犯
        - 職業犯
      - 結合犯　**例** 強盗殺人罪
    - 包括一罪
      - 接続犯　**例** 殺人目的の拳銃連続発射
      - 狭義の包括一罪　**例** 逮捕監禁罪
    - 法条競合
      - 特別関係
      - 吸収関係
      - 補充関係
      - 択一関係
  - 科刑上一罪
    - 観念的競合
      - 1個の行為が同種類の構成要件に数回該当する場合
      - 1個の行為が異種類の構成要件に該当する場合
    - 牽連犯
  - 併合罪
    - 科刑上一罪に当たらない2個以上の罪で、まだ確定裁判を経ていないもの
    - ある罪について確定裁判があったときは、その罪とその裁判の確定前に犯した罪とに限り、併合罪となる。

要 点

1 本来的一罪

単純一罪

集合犯	構成要件の性質上、数個の同種類の行為がその内容として予想されているものをいい、これには、常習犯、営業犯、職業犯の三つの類型がある。
結合犯	それぞれ独立して構成要件に該当する数種の行為を結合して別個の犯罪構成要件とした犯罪のことで、強盗殺人罪などがこれに当たる。

包括一罪

接続犯	同一の機会に、又は時間的・場所的に極めて接近した条件の下に、1個の構成要件の完成を目指した同種の行為が数回行われ、その間に事実上分離できないような関連があるときをいう。 **例** 殺人目的の拳銃連続発射等
狭義の包括一罪	1個の構成要件の中に同一の法益侵害に向けられた数個の行為が規定され、それらが相互に手段・目的又は原因・結果の関係に立つときをいう。 **例** 逮捕監禁罪など

法条競合

ある行為が数個の刑罰法規に該当するかのような外観を呈しているが、実は、これらの刑罰法規の構成要件が内容的に重複しているために、その一つだけが適用され、他が当然に排除される場合をいい、次の四つがある。
- ・ 特別関係　特別法優先の原則に従う。
- ・ 吸収関係　完全法優先の原則に従う。
- ・ 補充関係　基本法優先の原則に従う。
- ・ 択一関係　いずれか一方のみが適用される。

2 科刑上一罪

数個の構成要件に該当するために実質的には数罪でありながら、刑を科す上で一罪として取り扱われるものを科刑上一罪という。

観念的競合（想像的競合又は一所為数法）

○ 1個の行為が数個の罪名に触れる場合である（刑法54条1項前段）。これには、二つの形態がある。
 ア 1個の行為が同種類の構成要件に数回該当する場合
  例 爆弾を投げつけるという一つの行為によって数人を死に致らしめたときなどがこれに当たる。
 イ 1個の行為が異種類の構成要件に該当する場合
  例 適法に職務質問した警察官に暴行を加え傷害を負わせたとき（公務執行妨害罪と傷害罪）などがこれに当たる。
○ 観念的競合は、本来は数罪であるが、科刑上は、それらのすべてのうちの最も重い刑に含ませ一罪として処断される。

牽連犯

○ 犯罪の手段もしくは結果としての行為が他の罪名に触れる場合である（刑法54条1項後段）。
○ 牽連犯の例としては、住居侵入と窃盗・強盗・強制性交等・放火・傷害・殺人、通貨偽造と行使、有価証券偽造と行使、文書偽造と行使などがある。
○ 本来は数罪であるが、そのうち最も重い刑をもって処断される。

3 併合罪

○ 科刑上一罪に当たらない2個以上の罪で、まだ確定裁判を経ていないものをいう（刑法45条前段）。
○ また、ある罪について確定裁判があったときは、その罪とその裁判の確定前に犯した罪とに限り、併合罪になる（同法45条後段）。

練習問題

Q

次のうち、正しいものには○、誤っているものには×を記せ。

(1) 1発の弾丸で花瓶を損壊し、同時に人を殺した場合には、器物損壊罪と殺人罪の観念的競合である。
(2) 不法所持の銃砲を使用して強盗を犯した場合は、銃刀法違反と強盗罪の観念的競合である。
(3) 保険金騙取の目的をもってした放火と保険金の詐取は、放火罪と詐欺罪の併合罪となる。
(4) 同一人をして刑事処分を受けさせる目的で、時期と作成名義を異にして同一虚偽告訴等事項を記載した書面を2通作成し、これを各々別の捜査機関に提出したときは、1個の虚偽告訴等罪が成立する。
(5) 殺意をもって、あいくちで人の腹部を突き刺し、その着衣を毀損した上、同人を死に致らしめた場合は、殺人罪のみが成立し、器物損壊罪は適用されない。
(6) 甲女は、夫乙を毒殺するため酒に青酸カリを入れて勧めたが飲まなかったので、戸棚に置いておいたところ、翌日、弟丙がこれを飲み死亡した。殺人未遂罪と過失致死罪の観念的競合である。
(7) 甲は、暴力団組員からわいせつ図画100枚を入手し、即日乙に30枚、5日後丙に30枚それぞれ1枚1,000円で販売した。甲にはわいせつ物頒布等罪1罪が成立する。
(8) 甲は、強盗殺人犯人乙からその情を知りながら、盗品である現金の一部を礼金とし残りを隠匿する約束で受け取った。この場合、盗品等無償譲受け罪と盗品等保管罪の併合罪となる。
(9) 甲は、乙女が恋人丙と連れ立って水防器材の収納倉庫に入り密会しているのを見届けた上、倉庫の入口扉に外から施錠して監禁した。この場合、乙と丙に対する監禁罪は観念的競合となる。

解　答

○ (1) 自然的観察のもとで1個の行為と認められるから、観念的競合に当たる。

× (2) 自然的観察のもとで、行為者の動態が社会的見解上1個のものとの評価を受ける場合に観念的競合となる。ある時点で交差し重なり合うものであっても、数個の行為であるときは観念的競合とならない。銃砲の不法所持行為と強盗行為とは、脅迫行為の時点で重なり合うにすぎないので、併合罪となる。

○ (3) 類型的な手段結果の関係にないので、牽連犯ではなく、併合罪となる。

× (4) 法益が一つで、事件が1個の裁判によって処理される場合でも、時を異にして全然別個の2個の犯罪行為がある以上、2個の虚偽告訴等罪が成立する。

○ (5) 法条競合の吸収関係によって殺人罪のみが成立し、器物損壊罪はこれに吸収される。

× (6) 2個の法益侵害があるから、乙に対する殺人未遂罪と丙に対する過失致死罪の併合罪となる。

○ (7) わいせつ物頒布等罪における販売の概念は、多数人に対する有償譲渡を予想しているので、同罪1罪の成立にとどまる。

× (8) 引渡しを受けた盗品の一部についてのみ処分あっせんが成立したときには、その一部の盗品等処分あっせんと残部の盗品等無償譲受け・運搬との包括一罪とみるのが判例・通説の立場であるから、盗品等無償譲受け・保管の包括一罪となる。

○ (9) 監禁罪の保護法益は、人の身体活動の自由であり、これは一身専属的な法益である。倉庫の入口扉に施錠するという1個の行為によって乙と丙に対する2個の監禁罪を犯したものであるから観念的競合となる。

14　罪　数　93

論文対策

Q

甲は、数日前に窃取した盗品を所持して通行中、制服警察官Yの職務質問を受け、供述の矛盾点を突かれて自己の犯行が発覚しそうな形勢に追い込まれたので、Yを負傷させて逃走しようと決意し、隠し持っていた果物ナイフを示してこれで突き掛かり、Yの右腕に切創を負わせたが、その場で逮捕された。

甲の刑事責任について、罪数を中心に論ぜよ。なお、窃盗罪及び銃砲刀剣類所持等取締法違反については別論とする。

〔答案構成〕

1 結 論

甲には、公務執行妨害罪と傷害罪の2罪が成立し、両罪の関係は観念的競合となる。暴力行為等処罰二関スル法律1条違反の罪は成立しない。

2 成立が予想される犯罪

① 公務執行妨害罪
② 暴力行為等処罰二関スル法律(以下「暴力行為等処罰法」)
③ 傷害罪

3 公務執行妨害罪と暴力行為等処罰法1条との関係

公務執行妨害罪のみが成立し、暴力行為等処罰法違反の罪は公務執行妨害罪に吸収される。

4 公務執行妨害罪と傷害罪との関係

傷害罪が暴行罪の結果的加重犯であるとしても、公務執行妨害罪に吸収されず両罪が成立し、両者は観念的競合となる。

5 暴力行為等処罰法違反の罪と傷害罪との関係

暴力行為等処罰法1条違反の罪は、傷害罪に吸収されるとされている。

94

15 公務執行妨害罪

 組立て

公務執行妨害罪
- 意義
  - 公務員の職務執行に対する暴行又は脅迫
- 主体
  - 職務の執行を受ける者に限らず第三者も含む。
- 客体
  - 公務員（みなす公務員含む）
- 構成要件
  - 職務を執行するに当たり
    - 「職務」とは
      - 適法な職務執行すべて
    - 「執行するに当たり」とは
      - 執行中だけでなく職務を行うに際しての行為
    - 適法性の要件
      - 抽象的権限の存在
      - 具体的権限の存在
      - 法定方式の遵守
  - 行為 — 暴行・脅迫
    - 直接暴行
    - 間接暴行
  - 故意
    - 公務員の職務に際して（執行中）、暴行・脅迫を加える認識
- 他罪との関係

要 点

1 構成要件

公務執行妨害罪（刑法95条1項）		
意義	「公務員が職務を執行するに当たり、これに対して暴行又は脅迫を加える」ことによって成立する。 保護法益は、公務員によって執行される公務そのものであり、人としての公務員を特別に保護するものではない。	
主体	格別の制限はない。必ずしも職務の執行を受ける者に限らず、職務執行行為とは関係のない第三者でもよい。	
客体	公務員である。公務員とは、国又は地方公共団体の職員その他法令により公務に従事する議員、委員その他の職員をいう（刑法7条1項）。これには、国家・地方公務員はもとより、特別法によって公務員とみなされる日銀職員等の「みなす公務員」も含まれる。 単なる機械的労務に従事するにすぎない者（作業員等）は含まれない。	
職務を執行するに当たり	職務とは	単に公務員が人や物に対して法律、規則又は公務所の命令を執行する場合、又はその職務の執行が人を強制するような場合のみに限らず、広く職務の範囲内の事項をいい、その職務執行が適法でなければならない。
	「執行するに当たり」とは	職務の執行を開始しようとしたときから、職務の執行を終えた時点までの時間的な範囲にある場合をいう。 したがって、まだ現実に公務員が職務執行に着手していなくとも、執行に着手しようとして密接不可分の行為をしている場合も含まれる。

適法性の要件	抽象的権限の存在		通常、法令に規定されているが、必ずしも法令で具体的に規定された権限であることを要しない。 例 警ら中の警察官を大声で罵倒した民間人に対し注意を与えることも警ら中の警察官の職務行為である。
	具体的権限の存在		その公務員がその行為をなし得る法定の具体的条件を有していたこと。 例 逮捕状の緊急執行の際の「急速性の存在」の具備などである。
	法定方式の遵守		法律上重要な法定の方式・手続が正しく履践されていることを必要とする。 しかし、行為の効力に影響のない訓示規定又は法律上重要でないわずかな方式違反は適法性を失わせるものではない。
行為	暴行・脅迫		○ 直接暴行～公務員に向けられた有形力の行使 ○ 間接暴行～公務員以外の第三者又は物に向けられた有形力の行使が間接的に公務員に対するものと認められるもの いずれも、客観的に考察して、公務員の職務執行の妨害となるべき性質のものであれば足り、現実に職務の執行が妨害されたことを要しない。 例 警察官の制止を聞かずに証拠物の覚醒剤アンプルを踏み砕いた場合。
故意			公務員が職務執行中であること、及びこれに対して暴行・脅迫をなすことの認識があれば足りる。

2 他罪との関係

次の罪とは観念的競合となる。

傷害罪、殺人罪、事後強盗罪、強盗致傷罪、騒乱罪、鉄道営業法38条違反等

参考判例

「職務を執行するに当たり」とは　東京高判昭30.8.18

巡査が警ら勤務中たまたま雑談していたとしても、休憩していたという特別の事情のない限り、公務執行中であるといえる。

「職務を執行するに当たり」とは　大阪高判昭26.3.23

職務を執行するに「当り」とは、職務の執行を終了した際も含む。

「職務を執行するに当たり」の範囲　最決平元.3.10

事実関係のもとにおいては、A委員長は、休憩宣言により職務の執行を終えたものではなく、休憩宣言後も、前記職責に基づき、委員会の秩序を保持し、右紛議に対処するための職務を現に執行していたものと認めるのが相当である。

職務の適法性（主観説）　大判昭7.3.24

公務員の行為がその抽象的職務権限に属する事項にあたり、かつ公務員としてその職務の執行と信じてこれをした場合には、その行為は、一応、その公務員の適法な職務執行行為と認められる。

職務の適法性（客観説）　大阪高判昭32.7.22

（逮捕状が出ているのにその旨を告げずに逮捕した事案）
職務行為に適法要件が備わっているかどうかの判断は、客観的見地からすべきであり、職務執行者が主観的に適法と判断しただけでは足りない（いわゆる客観説）。

職務の適法性（折衷説）　大阪高判昭28.10.1

警察職員が、客観的には現行犯人でない者を現行犯人と誤認して逮捕しようとした場合でも、現行犯人と判断したことが社会通念上一般に認容されるときは、その現行犯人逮捕は適法な公務執行といえる（いわゆる折衷説）。

職務の適法性　最判昭30.7.19

巡査から挙動不審者として職務質問を受け派出所まで任意同行を求められた者が突如逃走した場合に、巡査がさらに職務質問をしようとして追跡しただけでは、人の自由を拘束したものではなく、巡査の職務行為として適法である。

職務の適法性　最判昭44.12.2

警察官による犯罪捜査のための個人の容貌等についての写真撮影は、現に犯罪が行われているか、その直後であって、証拠保全の必要性及び緊急性があり、かつ、その撮影自体が相当な方法でなされるときは、撮影される本人の同意がなく、また裁判官の令状がなくても許容される。

「暴行」・「脅迫」とは　最判昭33.9.30

本罪の「暴行」・「脅迫」は、これによって、現実に職務執行妨害の結果が発生したことを要するものでなく、妨害となりうるものであれば足りる。

「暴行」・「脅迫」とは　最判昭26.7.18

本罪における「暴行」・「脅迫」は、公務員に対して積極的なものとしてなされなければならない。

「暴行」とは　最判昭28.8.18

差押物件が屋内から搬出されるのを妨害する意図で、入口に薪や空き樽を積み重ねる行為は、本罪の「暴行」にあたる。

「暴行」とは　最決昭34.8.27

巡査が適法に差押えた覚せい剤注射液入りのアンプルを、足で踏みつけて損壊する行為は、本罪の「暴行」にあたる。

他罪との関係　最判昭26.5.16

数人の公務員の職務執行を同時に妨害した場合は、公務執行妨害罪の観念的競合である。

他罪との関係　大判明42.7.1

職務執行中の警察官に暴行を加え、負傷させた場合は、公務執行妨害罪と傷害罪との観念的競合である。

他罪との関係　大判明43.2.15

窃盗犯人が逮捕を免れるため、巡査に暴行を加えて傷害を与えたときは、公務執行妨害罪と強盗致傷罪との観念的競合である。

練習問題

Q

次のうち、正しいものには○、誤っているものには×を記せ。

(1) A警察官が巡回連絡の途中、路上で知人と雑談していたところ、かねてAに反感をもっていた甲が、「この馬鹿野郎」と言いながら殴打した。甲に公務執行妨害罪は成立しない。

(2) B警察官は、ジグザグデモを証拠保全のため写真撮影していたところ、デモ隊員の甲がBに暴行を加えた。Bの行為は肖像権の侵害となるので公務執行妨害罪は成立しない。

(3) 警察官が、真実は窃盗の現行犯人でない者を現行犯人と誤認して逮捕しようとした場合でも、現行犯人と判断したことが社会通念上一般的に容認されるときは、その現行犯逮捕は、適法な職務執行といえる。

(4) 本罪の暴行・脅迫は、直接に当該公務員自身に対して加えられることを要し、その公務員の職務執行に密接不可分の関係において関与する補助者に対して加えられた場合は含まれない。

(5) 公務員に対し、暴行を加えたが、公務員の職務の執行が現実に妨害されなかった場合でも、公務執行妨害罪が成立する。

(6) 警察官に逮捕されそうになった者が、その手を振り離して逃走した場合には、公務執行妨害罪が成立する。

(7) 警察官が管轄区域外で現行犯人を逮捕しようとする際、これに対して暴行・脅迫を加えれば、公務執行妨害罪が成立することがある。

(8) 数人が共同して公務員に暴行・脅迫を加えれば、公務執行妨害罪と暴力行為等処罰ニ関スル法律第1条違反が成立する。

(9) 裁判を妨害する目的で、法廷の傍聴席で発煙筒を点火して傍聴席を混乱させて審理を一時中断させた場合には、公務執行妨害罪が成立する。

解　答

× (1) 公務執行妨害罪が成立する。巡回連絡途中の警察官がたまたま知人と雑談していても公務の執行中の状態であることに変わりがない。

× (2) 証拠保全の必要があると認められるときは、被疑者の意思に反して写真撮影をしても適法な職務執行といえるので、甲に公務執行妨害罪が成立する。

○ (3) 公務員の職務行為の適法性の判断基準として、①主観説（公務員自身の主観を標準とする）②客観説（裁判所の解釈により客観的に決定すべきとする）③折衷説（一般的社会通念による）があるが、判例は折衷説を採っており、設問の場合は正解としてよい。

× (4) 間接暴行も含まれる。本罪の暴行・脅迫は、公務員の身体に直接加えられることは必ずしも必要でなく、物や第三者に対するものであっても、公務員の身体に物理的に感応し得る程度のもので、積極的に公務の執行を妨害する性質のものであればよい。

○ (5) 設問のとおり。

× (6) 逃走時に警察官の手を振り離した行為は、積極的なものではないから、公務執行妨害罪の暴行には当たらない。

○ (7) 警察官は管轄区域外で現行犯人を逮捕する際、警察官としての職権を行使することができるので（警察法65条）、本罪が成立することがある。

× (8) 暴行・脅迫は公務執行妨害罪の構成要件要素であり、暴行・脅迫の罪は同罪に吸収されるため、暴力行為等処罰ニ関スル法律第１条違反は成立しない。

× (9) 直接暴行、間接暴行を問わず、それは、公務員の職務執行に対する積極的攻撃と認め得る性質であることを要する。設問の場合は、公務員に向けられたものではないので、本罪は成立しない。

論文対策

Q

警ら中のA巡査は、「泥棒、泥棒」と追呼されながらハンドバッグをつかんで逃走中の甲を認め、追呼者のY女とともに約100メートル追跡したところ、甲は乙宅内に逃げ込んだ。Y女に事情をただすと「たった今、あの男にハンドバッグを引ったくられたのです」と訴えたので、Aは乙宅に行ったところ、乙が出てきて、「今、入ったのは俺の息子だ。何も悪いことはしていない。帰れ」とすごい剣幕でどなり散らした。Aは粘り強く説得したがこれに応じないので、甲を捜索するため玄関内に立ち入ろうとしたところ、乙がいきなり手拳でAの顔面を数回殴打した。

乙の刑責について論ぜよ。

〔答案構成〕

1 結 論

乙は、公務執行妨害罪の刑責を負う。

2 公務執行妨害罪の構成要件

公務員が職務を執行するに当たり、これに対して暴行又は脅迫を加えた場合である（刑法95条1項）。

3 職務執行の適法性

(1) 抽象的職務権限の存在

① 現行犯逮捕の権限（刑訴法213条）

② 被疑者捜索の権限（刑訴法220条）

(2) 具体的職務権限の存在

ア 逮捕を適法になし得る具体的要件の具備

一般社会通念上、甲は窃盗の現行犯人と認められる。

イ 被疑者捜索の必要性

被害回復と犯人の捜索・逮捕の必要性は誰もが肯定する。

出題ランク	1	2	3
★★	/	/	/

16 放火罪

組立て

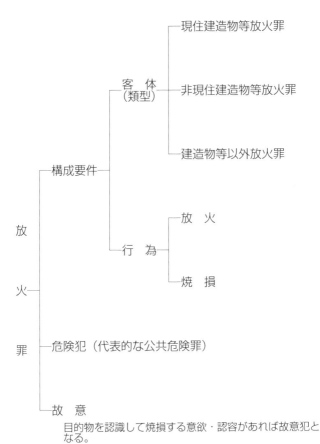

放火罪
- 構成要件
  - 客体(類型)
    - 現住建造物等放火罪
    - 非現住建造物等放火罪
    - 建造物等以外放火罪
  - 行為
    - 放火
    - 焼損
- 危険犯(代表的な公共危険罪)
- 故意
  目的物を認識して焼損する意欲・認容があれば故意犯となる。

 要　点

1　構成要件

　放火罪は、典型的な公共危険罪であるとともに、財産罪的性格を有する。

客体（類型）	①現住建造物等放火罪（刑法108条）	現に人が住居に使用し又は現に人がいる建造物、汽車、電車、艦船又は鉱坑を焼損
	②非現住建造物等放火罪（同109条）	現に人が住居に使用せず、かつ、現に人がいない建造物、艦船又は鉱坑を焼損
	③建造物等以外放火罪（同110条）	上記①②に規定する物以外の物を焼損

- ○　現住と非現住は、「現に人が住居に使用する」「現に人がいる」の有無にかかっている。
- ○　「人」とは、犯人以外の者をいう。
　　犯人が自分一人で住んでいる家屋は、非現住建造物である。
- ○　「現に人が住居に使用する」とは、犯人以外の者が起臥寝食の場所として日常使用していることをいう。
　　現に人の住居に使用されている建造物は、放火当時、人が現在していなくても現住建造物である。
- ○　「現に人がいる」とは、放火の当時、犯人以外の者がその内部にいることである。
　　たまたま浮浪者が入り込んでいた空家でも、現住建造物である。
- ○　建造物の一部が住居に使用されているときは、その建造物全体が現住建造物である。
　　宿直員のいる学校は、学校全体が現住建造物である。
- ○　「建造物」とは、家屋その他これに類似する工作物で、屋蓋を有し、柱材により支持せられて土地に定着し、人が

起居出入りし得る内部を有するものをいう。
○家屋の従物は、これを毀損しなければ取り外すことができない状態にあるときは建造物の一部と認められる。

行　為	
「放火して、客体を焼損すること」である。	
「放火」とは	一定の目的物の燃焼に原因を与える火力の使用行為 ○　着手時期 ｛目的物に直接点火：点火のとき 　　　　　　　媒介物利用：目的物に延焼の可能性のある場合に媒介物への点火のとき 　　　　　　　発火装置：仕掛けたとき ○　不作為による放火もある。（不真正不作為犯）
「焼損」（既遂時期）とは	火力による物の毀損をいう。 ○　「焼損」に関して学説は、独立燃焼説、効用喪失説、折衷説に分かれているが、判例は、独立燃焼説を採っている。 ○　独立燃焼説は、火が媒介物を離れて目的物に燃え移り、独立して燃焼を継続する状態に達しただけで焼損になるとする。

2 危険犯

○　放火罪は、公共危険罪の代表的なものである。
○　放火罪は、原則として抽象的危険犯であり（刑法108条、109条1項）、具体的危険犯は例外（刑法109条2項、110条）である。

3 故　意

　判例は、目的物を認識してこれを焼損する意欲・認容があれば足り、「公共の危険」を認識していることは必要でないとする。

参考判例

108条「人」とは　最判昭32.6.21

本条にいう「人」とは、犯人以外の者を指す。

108条「建造物」とは　最判昭25.12.14

畳・建具その他家屋の従物が、「建造物」たる家屋の一部を構成するためには、それらが家屋の一部に取付けられているだけでは足りず、さらにこれを毀損しなければ取外すことができない状態にあることを必要とする。

108条「現に人が住居に使用」とは　大判大3.6.9

官庁の宿直員は、執務時間後でも庁舎内を巡視するのが通例であるから、宿直室が庁舎と独立した建物内に在っても、その庁舎は「人ノ住居ニ使用スル建造物」といえる。

108条 不作為による放火罪　最判昭33.9.9

自己の過失により、事務室内の机が焼燬し始めたのを発見した者が、そのまま放置すれば建物を焼燬するに至ることを認識しながら、結果の発生を認容する意思で逃げ出したときは、不作為による放火罪が成立する。

108条 単純一罪　大判大2.3.7

単一の放火行為で2個の住宅を焼燬しても、単一の放火罪として処分すべきである。

108条 放火罪と詐欺罪の併合罪　大判昭5.12.12

保険金騙取の目的で住宅に放火して焼燬し、出火原因が不明であると詐って保険金を騙取したときは、放火罪と詐欺罪との併合罪である。

109条「人がいない建造物」とは　東京高判昭28.6.18

建造物は、人の起居出入りが予定されている建物であることを要する。

109条「人がいない建造物」とは　大判大6.4.13

父母を殺害後、その死屍の横たわる家屋を焼燬したときは、他に住居者なく、また人の現在する事実のない以上、109条に該当する。

109条 不作為による放火罪　大判昭13.3.11
被告人が、神棚に供えた燭台が不完全で、点火したろうそくが傾斜し転落して家屋を燃焼する危険のあることを認識しながら、保険金を詐取できるものと予想して、そのまま外出したところ、その火によって家屋を焼燬したときは、不作為による本罪が成立する。
109条1項「公共の危険」　大判昭10.6.6
本条1項の犯罪の成立には、公共の危険を生じさせる認識を要しない。
109条2項「公共の危険」　名古屋高判昭39.4.27
本条2項の犯罪の成立には、公共危険発生の認識をも必要とする。
109条 強盗殺人罪と放火罪の併合罪　大判明42.10.8
強盗殺人の後、犯跡隠蔽のために放火した場合は、強盗殺人罪と放火罪との併合罪であって、牽連犯ではない。
110条「公共の危険」とは　大判明44.4.2
本条に「公共ノ危険」とは、放火行為により、一般不特定の多数人をして、108条及び109条の物件に延焼する結果を発生するおそれがあると思わせるに相当な状態をいう。

練習問題

Q

次のうち、正しいものには○、誤っているものには×を記せ。

(1) Aは、自殺しようと思い、家族が旅行中でだれもいない自宅に放火したが、消防隊の活動により半焼するにとどまった。Aの行為は、非現住建造物放火既遂罪に当たる。

(2) Aは、妻と2人で居住している自己所有の家屋に放火して保険金を詐取することを企て、2人で共謀して全焼せしめた。Aには、非現住建造物放火既遂罪が成立する。

(3) Aは、B所有の家屋を焼損するつもりで畳に火をつけたが、家人に発見されて畳を焼いただけで火は消し止められた。Aの行為は、建造物放火既遂罪に当たる。

(4) 甲は、人通りの多い繁華街の路上に駐車してあった乙所有の自動車に放火して全焼させた。甲には、器物損壊罪のみが成立し、放火罪は成立しない。

(5) 甲は、保険金騙取の目的で、人里離れた山中にある火災保険をかけた自己所有の無人の別荘に放火し全焼させた。この場合、公共の危険が生じなかったときは、非現住建造物放火罪は成立しない。

(6) 甲は、乙方住居において、乙をはじめその家族全員を殺害したうえ、その死体の横たわっている家屋に放火し全焼させた。甲に、殺人罪・非現住建造物放火既遂罪が成立する。

(7) Aは、Bの住居に放火する目的で隣接するBの物置に火をつけたが、折からの豪雨で物置を半焼しただけにとどまった。Aの行為は、非現住建造物放火既遂罪に当たる。

(8) 甲は、乙が投げた燃木の火が内庭の藁に燃え移ったのを見ながら、これを容易に消し止められるのにことさらに放置して家屋に延焼するにまかせ全焼させた。甲に、放火罪が成立する。

 解　答

× (1) 犯人の妻子も犯人以外の者であるから、妻子が住居として使用している限り、一時的に旅行に出かけているだけでは、非現住建造物とはならない。

○ (2) Ａと妻は共犯関係にあり、２人は犯人であるからＡの家屋は、犯人以外の人が住居に使用するものでないから非現住建造物となる。

× (3) 家屋の従物は、これを毀損しなければ取りはずすことができない状態にあるときに限って建造物の一部と認められるが、畳や建具は取りはずし可能であるので建造物の一部といえない。したがって、畳を焼くにとどまった場合は未遂となる。

× (4) 人の現在しない自動車は刑法110条の客体となる。設問の事例では公共の危険を発生せしめたものと認められるから、建造物等以外放火罪が成立する。

× (5) 目的物が自己所有の建造物等で、公共の危険がない場合は処罰されないのが原則であるが、差押えを受けたり、物件を負担していたり、保険に入っている場合は、他人の物を焼損した場合と同様に処罰される。設問の場合、他人所有の非現住建造物放火罪が成立する。

○ (6) 居住者又は現在者の全員を殺害した後に放火した場合には、その家屋は、現住建造物ではなく非現住建造物となる。

× (7) 現住建造物放火未遂罪となる。放火罪の実行の着手は、媒介物に点火すれば認められるので、現住建造物を焼損する目的で建造物等以外に放火したときには、前者の着手となる。

○ (8) 不作為による放火罪が成立する。甲には、条理上消火義務があり、容易にこの措置をとることができたのに、消火措置を講じなかったからである。

論文対策

Q

極左暴力集団の構成員甲は、深夜、S警察署W交番の事務室に警察官の姿が見えなかったのを絶好の機会と考え、持って来た火炎びん数本を同事務室内に投げ込んだが、付近の住民が消火に当たり、火が天井、壁、柱等に燃え移ったところを消し止めた。W交番は、通常、普通の交番として警察官が一昼夜勤務しているが、その日に限って、連絡交番として運用されていたため、交番内に勤務員はいなかった。

この場合、甲は、どのような刑責を負うか。なお、火炎びん処罰法違反は別論とする。

〔答案構成〕

1 結 論

甲は、現住建造物等放火既遂罪の刑責を負う。

2 論 点
 (1) W交番は、現住建造物か非現住建造物か
 (2) 既遂か未遂か

3 現住建造物等放火罪の構成要件

「放火して、現に人が住居に使用し又は現に人がいる建造物等を焼損すること」

○ 「現に人が住居に使用し」とは
○ 「焼損」とは

4 事例の検討

○ W交番は、本来ならば、昼夜を通して警察官が勤務し、勤務を通じて起臥寝食の場所として使用する建造物である。

○ 火炎びんの火が、交番の建造物の一部である天井、壁、柱に燃え移り独立燃焼を始めているから既遂に達している。

出題ランク	1	2	3
★	/	/	/

17 住居侵入等罪

組立て

- 住居侵入等罪
  - 意義
    - 狭義の住居侵入罪と不退去罪の2類型
  - 構成要件
    - 住居侵入罪の意義
    - 客体
      - 人の住居
      - 人の看守する邸宅、建造物若しくは艦船
        - 看守とは
        - 邸宅とは
        - 建造物とは
    - 行為——侵入する
      - 侵入とは
    - 不退去罪
      - 「要求」があったことを要する
      - 「退去しない」こと
  - 他罪との関係

要　点

1　意　義

　住居侵入罪は、正当な理由がないのに、人の住居若しくは人の看守する邸宅、建造物若しくは艦船に侵入したり、又は要求を受けてもその場所から退去しないことによって成立する（刑法130条）。したがって、住居侵入罪は二つの類型に分かれる。一つは、住居等に侵入する狭義の住居侵入罪であり、もう一つは、要求を受けて立ち去らない不退去罪である。本罪の保護法益は、住居における平穏である。人は、本来、その住居において平穏に生活をする自由を侵害されないことは憲法においても保障されている（憲法35条）。

2　構成要件

住居侵入罪の意義（刑法130条前段）
住居侵入罪は、「正当な理由がないのに人の住居若しくは人の看守する邸宅、建造物若しくは艦船に侵入する」ことによって成立する。

客　体	
人の住居	住居とは、人の起臥寝食に使用される場所をいう。その使用は一時的なものであってもよく、また、現に使用されている限り人が現在しているかどうかを問わない。 　**ワンポイント**　ホテル・旅館・料理屋の一室でも宿泊者や飲食者にとっては住居である。 　○　一時不在の部屋、日常生活の延長の場所として一定期間だけ居住する場所も住居である（例：別荘等）。 　○　寝食の用具の設備は必要でないから、店舗も住居である。 　○　居住権が不法なときでも住居に当たる。 　○　住居として使用中の建造物の囲繞地も住居である。 　○　「囲繞地」とは、人の住居等に付属し、通常の歩行によって越えることのできない設備でもって周囲を囲んだ地帯をいう。

人の看守する邸宅、建造物若しくは艦船	「看守」とは	事実上の管理支配を意味し、他人の侵入防止に役立つ物的設備（例：施錠、立入禁止の貼紙）又は人的設備（例：守衛）のあることをいう。
	「邸宅」とは	住居に供する目的で造られた建造物とその囲繞地であるが、現に住居として使用していないものをいう（例：空家）。
	「建造物」とは	住居・邸宅以外の家屋とその囲繞地をいう。 例 工場、倉庫、官公庁舎、学校
	「艦船」とは	軍艦及び船舶をいう。
行　為		
侵入する	「侵入」とは	住居等の平穏を侵すような仕方で立ち入ること。その方法は公然・隠密を問わない。 住居者・看守者が立入りにつき明示の承諾を与えたときは、侵入にならない。 わな 「今晩は」と挨拶した強盗殺人に「お入り」と答えて入れても住居侵入罪となる。真意の承諾ではないため。 ○ 推定的承諾がある場合も違法性を阻却する。

不退去罪（刑法130条後段）

不退去罪は、「要求を受けたにもかかわらずこれらの場所から退去しない」場合に成立する。

「要求」があったことを要する	○ 退去を要求する権限のある者の退去の「要求」があったことを要する。 ○ 他人を介して間接的に看守する者も退去要求権を行使することができる。 ○ 退去の要求は、明示的表示でなくてもよいし、また、くり返される必要もない。

17　住居侵入等罪　113

「退去しないこと」	○ 退去の要求があったのに、退去に要する合理的時間を超えてさらに滞留することである。 ○ 本罪は、真正不作為犯である。 ○ 退去するまで犯罪が継続する継続犯である。

3 他罪との関係

住居等に侵入して他の犯罪を犯すときは、原則として牽連犯となる。判例は、窃盗、強盗、殺人、傷害等に認めている。

参考判例

「邸宅」とは　大判昭7.4.21

「邸宅」とは、人の住居の用に供せられる家屋に附属し、主として住居者の利用に供せられるように区画された場所をいう。

「建造物」とは　最判昭25.9.27

本条の「建造物」とは、家屋だけでなく、その囲繞地をも含む。

住居侵入事例　最判昭24.7.22

強盗犯人が、「今晩は」と挨拶したところ、家人が「おはいり」と答えたのに応じて、住居にはいった場合でも、住居侵入罪が成立する。

侵入罪と不退去罪　最決昭31.8.22

建造物侵入罪が成立する以上、その侵入者が退去を求められて応じなかった場合でも、不退去罪は成立しない。

不退去罪の成立　東京高判昭45.10.2

不退去罪が成立するか否かは、行為者の滞留の目的、その間になされた行動、居住者の意思に反する程度、滞留時間等を考慮し、住居の平穏が乱されたか否かによって決すべきである。

分譲マンションの共用部分が「住居」に当たるとされた事例　最判平21.11.30

分譲マンションの各住戸のドアポストにビラ等を投函する目的で、同マンションの集合ポストと掲示板が設置された玄関ホールの奥にあるドアを開けるなどして7階から3階までの廊下等の共用部分に立ち入った行為は、同マンションの構造及び管理状況、そのような目的での立ち入りを禁じた張り紙が玄関ホールの掲示板に貼付されていた状況などの本件事実関係の下では、同マンションの管理組合の意思に反するものであり、住居侵入罪が成立する。

練習問題

Q

次のうち、正しいものには〇、誤っているものには×を記せ。

(1) 初めて訪問した家の応接間に通された者が、家人に無断で次の間の寝室に立ち入った場合、住居侵入罪が成立する。

(2) 下宿人が賃貸借契約終了後も依然として立ち退かないので、家主が強制的に家財道具を運び出す目的で部屋に入った場合は、住居侵入罪は成立しない。

(3) 家出中の息子が父親の物を盗み出す目的で、夜半、無断で窓から侵入した場合、住居侵入罪が成立する。

(4) 友人のアパートを訪れたところ、あいにく留守だったが、たまたま錠がかかっておらず、いつも友人が「勝手に入っていいよ」などと言っていたので、上がり込んで待っていた場合、住居侵入罪は成立しない。

(5) 野外の土管の中や、神社、寺院の床下などでも、ホームレスなどが日常生活を営んでいれば、そこは、それらの者の住居であるといえる。

(6) 社会教育活動としての演劇公演を目的としている劇団が、その目的のために、管理機関の使用許可を受けずに小学校の校舎内に立ち入った場合、建造物侵入罪は成立しない。

(7) 営業中の飲食店内の客の1人に暴行を加える目的で同店内に立ち入った場合、建造物侵入罪が成立する。

(8) Tホテルの客Yは、フロント係Aに自室に入り書類を取ってくるように依頼した。Aは、書類とともに金品を盗んでやろうと考えYの室内に入った。Aに、住居侵入罪が成立する。

(9) 甲は、Qデパートで宝石を盗もうと考え、閉店間際に入り、同店便所で夜半まで潜んでいたところを警備員に発見された。この場合、甲に不退去罪が成立する。

(10) 農産物の貯蔵所である洞穴に忍び込んだ場合、住居侵入罪となる。

 解 答

- ○ (1) 住居の一部へ適法に立ち入った者も、他の部分に無断で立ち入る場合は、家人の承諾が推定されない限り、不法な侵入となり、住居侵入罪が成立する。
- × (2) 不適法な住居であっても、それが事実として成立している以上は、その住居の事実上の平穏は保護されるべきであるから、家主の行為には住居侵入罪が成立する。
- ○ (3) 実父の家ではあるが、息子は家出をすることにより、その共同生活から離脱しているので、それは「人の住居」となり、住居侵入罪が成立する。
- ○ (4) 友人の推定的承諾がうかがえるので、住居侵入罪は成立しない。
- × (5) 住居は、住居として利用するため、ある程度の設備を備えた場所であることを要するので、日常生活が営まれていても、通常の日常生活に耐える程度の設備がなければ、住居とはいえない。
- × (6) 立入り行為の違法性を判断するに当たっては、行為者の目的の違法性だけが基準となるのではなく、その行為態様が住居の平穏を害するものであるかどうかも判断基準となる。設問の場合、必ずしも管理機関の推定的承諾が予想されるものではないので、本罪の成立する可能性もある。
- ○ (7) 包括的な黙示の事前承認の限度を超えて違法な目的で立ち入る行為については、本罪が成立する。
- ○ (8) 金員窃取の目的があると知っていたならば、およそYは許可しなかったであろうことから、本罪が成立する（真意による承諾ではない）。
- × (9) 不退去罪は、退去要求を受けたのに退去しないときに成立する。結局、窃盗目的を秘して入店したのであるから建造物侵入となる。
- × (10) 洞穴は、建造物の概念に入らないから本罪は成立しない。

17 住居侵入等罪 117

 論文対策

Q
 甲は、バブル経済の崩壊で会社が倒産し、莫大な借金を背負い込んだので、窮余の一策として窃盗を決意した。某夜、かねてから資産家として評判の高い乙宅に目をつけ、乙宅の石塀をよじ登って庭先に降り、芝生の上を歩いて応接間の窓の扉に手をかけたところで、乙宅で飼っているシェパードに吠えられ追いかけられてやむなく逃走した。
 この場合、甲は、どのような刑責を負うか。

〔答案構成〕

1 結 論
 甲は、住居侵入罪の刑責を負う。

2 住居侵入罪の構成要件
 狭義の住居侵入罪は、「正当な理由がないのに人の住居若しくは人の看守する邸宅、建造物若しくは艦船に侵入する」ことによって成立する。

 (1) 住居の意義
  住居とは、人の起臥寝食に使用される場所をいい、その囲繞地も含まれる。
 (2) 囲繞地の意義
  囲繞地とは、人の住居等に付属し、通常の歩行によって越えることのできない設備でもって周囲を囲んだ地帯をいう。
 (3) 「侵入」
  住居等の平穏を侵すような方法で立ち入ることをいう。

3 事例の検討
 (1) 乙宅庭先は、乙宅住居に付属し、石塀に囲まれているので、住居侵入罪の客体である囲繞地に当たる。
 (2) 正当な理由がない侵入であることは明らかである。

出題ランク	1	2	3
★★	/	/	/

18 通貨偽造・同行使罪

組立て

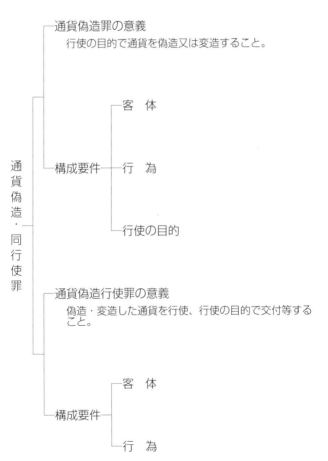

- 通貨偽造罪の意義
  行使の目的で通貨を偽造又は変造すること。

通貨偽造・同行使罪
- 構成要件
  - 客体
  - 行為
  - 行使の目的

- 通貨偽造行使罪の意義
  偽造・変造した通貨を行使、行使の目的で交付等すること。

- 構成要件
  - 客体
  - 行為

1 通貨偽造罪の意義

行使の目的で通貨を偽造又は変造することによって成立する（刑法148条1項）。

2 構成要件

客　体	
我が国で強制通用力を持っている「貨幣」「紙幣」「銀行券」のこと。	
貨　幣	政府が発行する硬貨
紙　幣	政府が発行し、その信用により交換の媒介物となる貨幣代用の証券のこと。現在は発行されていない。
銀行券	政府の許可によって日本銀行が発行する交換の媒介物となる証券のこと。一万円札、千円札等、一般的に紙幣といわれているもの。
その他、強制通用力がある限り、発行、鋳造の停止されているものでも客体となる。	
行　為	
偽　造	通貨の発行権のない者が通貨の外観を有する物を製造すること。製造、加工方法は問わない。取引上、一見真正の通貨であると誤信させるものであれば足りる。この程度に至らない「模造」については、通貨及証券模造取締法の規定により罰せられる。
変　造	真正の通貨を加工し他の通貨と誤信させる外観のものを作成すること。
行使の目的	
本罪は目的犯で、「行使の目的」が必要である。 「行使の目的」とは、偽造・変造した通貨を真貨として流通に置く目的をいう。他人をして流通に置かせる目的があってもよい。	

3 偽造通貨行使罪の意義

偽造・変造した貨幣、紙幣又は銀行券を行使し、又は行使の目的で人に交付若しくは輸入することによって成立する（刑法148条2項）。

真正通貨として贈与するのも行使である。

交付とは、偽造又は変造であることを明かして交付する場合であり、交付の結果その偽造が流通されるであろうことを認識しながら交付すること。

4 構成要件

客　体
偽造・変造された貨幣、紙幣、銀行券である。なお、行使の目的で偽造・変造されたものであることは必要ない。

行　為
偽造通貨を真正な通貨として直接流通に置くこと。すなわち、通常の売買や債務の返済、あるいは自動販売機、賭博に使用する場合も行使に当たる。

参考判例

変造事例　東京高判昭39.7.22
日本銀行券千円券の端の4分の1を切取り、その部分にハトロン紙を貼りつけ、一見流通の過程において欠損したものを善意で補修したもののように作為したときは、銀行券の変造にあたる。

「行使の目的」とは　最判昭34.6.30
「行使ノ目的」は、他人をして真正の通貨として流通におかせる目的でもよい。

「交付」とは　大判明43.3.10
「交付」とは、偽貨を流通に置く意思で他人に交付することをいう。

 **練習問題**

Q

次のうち、正しいものには○、誤っているものには×を記せ。

(1) 通貨偽造罪における「偽造」とは、真正の通貨に加工し、その名価を偽ることをいう。

(2) 通貨を偽造・変造するに足りる機械・原料を準備し、貨幣の製造に着手したものの、技術未熟のため、その目的を遂げなかった場合は、本罪の未遂罪が成立する。しかし、偽造・変造通貨を作成しようとしたものの、模造の程度にしか達しなかった場合は、通貨及証券模造取締法違反の罪が成立する。

(3) 偽造通貨行使罪にいう「行使」というためには、相手方をして真貨と誤信させることが必要である。したがって、自動販売機や公衆電話機に偽造通貨を投入しても、偽造通貨行使罪は成立しない。

(4) 有価証券偽造罪にいう「行使の目的」とは、偽造した有価証券を真正な有価証券として使用する目的をいうが、偽造した有価証券をいわゆる「見せ手形」として使用する意思があれば、「行使の目的」があったとされる。

解 答

× (1) 本罪における「偽造」とは、通貨の発行権のない者が通貨の外観を有する物を製造することであるが、その製造の技巧が真物に酷似し何人の鑑識をもってしても容易に真偽を区別できない程度に達することは必要でなく、取引上、人をして一見真物であると誤認させるおそれのある物であれば十分である。この程度に至らない「模造」については、通貨及証券模造取締法の規定がある。通貨の実質が真物の通貨と全く同一であっても偽造であることを妨げない。

また、真正の通貨に加工をしてその名価を偽ることを「変造」といい、加工が当該通貨の同一性を害しない限度内にあることを要する。ただし、真貨を材料として全く別の貨幣を作る行為は変造ではなく偽造である。

× (2) 偽造・変造通貨を作成しようとしたものの、模造の程度にしか達しなかった場合は、本罪の着手行為が認められる以上、本罪の未遂罪が成立し、通貨及証券模造取締法違反の罪は、この未遂罪に吸収される。

× (3) 偽造通貨行使罪にいう「行使」とは、偽造通貨を真貨として流通の下に置くことをいい、その態様は問わないから、自動販売機や公衆電話機に偽造通貨を投入する行為も偽造通貨の「行使」に当たる。

○ (4) 偽造有価証券行使（刑法163条）の「行使」とは、偽造・変造又は虚偽の記入をした有価証券を真正又は内容の真実なものとして使用することをいう（大判明44.3.31）。例えば、信用を確保するため偽造小切手を真正なものとして第三者に見せる行為は、偽造小切手を真正の小切手として使用する行為に当たる。

18 通貨偽造・同行使罪

 論文対策

Q
有価証券偽造・変造罪について述べよ。

〔答案構成〕

1 有価証券偽造・変造罪の意義

有価証券偽造・変造罪は、行使の目的で、公債証書、官庁の証券、会社の株券その他の有価証券を偽造し、又は変造することにより成立する(刑法162条1項)。

2 客体

本罪の客体は、有価証券である。

「有価証券」とは、財産上の権利を表示する証券であって、その権利の行使・処分のためには、その証券の占有を必要とするものをいう。例えば、「公債証書」(国債証書、地方債証書)、「官庁の証券」(財務省証券等)、「会社の株券」などがある。「その他の証券」には、約束手形、小切手、鉄道乗車券、商品券、宝くじ、いわゆる馬券などがある。

3 行為

(1) 偽造

「偽造」とは、作成権限のない者が、名義を偽って他人名義の有価証券を作成することをいう。

(2) 変造

「変造」とは、真正に作成された他人名義の有価証券に対し、その有価証券としての同一性を失わせない限度において、権限なく変更を加えることである。他人が振り出した手形の振出日付、受付日付、金額欄の数字を勝手に改ざんする行為等がこれに当たる。

(3) 行使の目的

本罪は、いわゆる目的犯で、「行使の目的」が必要である。

4 本罪の処罰

3月以上10年以下の懲役に処せられる。

19 文書偽・変造罪

組立て

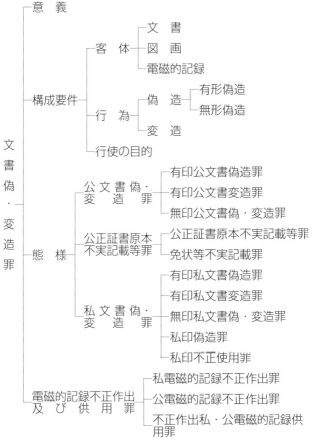

- 文書偽・変造罪
  - 意義
  - 構成要件
    - 客体
      - 文書
      - 図画
      - 電磁的記録
    - 行為
      - 偽造
        - 有形偽造
        - 無形偽造
      - 変造
    - 行使の目的
  - 態様
    - 公文書偽・変造罪
      - 有印公文書偽造罪
      - 有印公文書変造罪
      - 無印公文書偽・変造罪
    - 公正証書原本不実記載等罪
      - 公正証書原本不実記載等罪
      - 免状等不実記載罪
    - 私文書偽・変造罪
      - 有印私文書偽造罪
      - 有印私文書変造罪
      - 無印私文書偽・変造罪
      - 私印偽造罪
      - 私印不正使用罪
  - 電磁的記録不正作出及び供用罪
    - 私電磁的記録不正作出罪
    - 公電磁的記録不正作出罪
    - 不正作出私・公電磁的記録供用罪

19 文書偽・変造罪 125

要 点

1 意 義

本罪は社会的法益に対する罪として、文書の公共的信用を保護するため規定されている。

個人の法益を侵害する犯罪ではないので、文書の信用性を害する危険があれば成立する。

2 構成要件

客 体		
文 書		文字又はこれに代わるべき符号を用い、ある程度永続状態によって物体上に記載した意思又は観念の表示をいう。
図 画		象形的符号（絵）を用いて物体上に記載された意思又は観念の表現。
電磁的記録		電子的方式、磁気的方式その他人の知覚によっては認識することができない方式で作られる記録であって、電子計算機による情報処理の用に供されるもの（刑法7条の2）
行 為		
偽造	有形偽造	作成・訂正権限がないのに他人名義の文書又は図画を作成すること。
	無形偽造	作成・訂正権限のある者が自己名義で内容的に真実に反する文書を作成すること。なお、処罰の対象となるのは、虚偽公文書作成等罪（刑法156条）、公正証書原本等不実記載等罪（刑法157条）及び虚偽診断書等作成罪（刑法160条）の行為に限られ、虚偽診断書等作成罪は、刑法上、私文書の無形偽造が処罰される唯一の例外規定である。
変 造		作成権限のない者が、真正に作成された他人名義の文書・図画の内容に改ざんを加えること。
行使の目的		
本罪はいわゆる「目的犯」で行使の目的が必要である。		

3 態 様

公文書偽・変造罪	
有印公文書偽造罪	行使の目的で公務所・公務員の印章・署名を使用して公務所・公務員の作成すべき文書・図画を偽造し、又は偽造した公務所・公務員の印章・署名を使用して公務所・公務員の作成すべき文書・図画を偽造した場合に成立する（刑法155条1項）。
有印公文書変造罪	公務所・公務員の捺印・署名した文書・図画を変造した場合に成立する（同条2項）。
無印公文書偽造・変造罪	前2項のほか公務所・公務員の作成すべき文書・図画を偽造し、又は公務所・公務員の作成した文書・図画を変造することによって成立する（同条3項）。

公正証書原本不実記載等罪	
公正証書原本不実記載等罪	公務員に対し虚偽の申立てをして、登記簿、戸籍簿その他の権利若しくは義務に関する公正証書の原本に不実の記載をさせ、又は登記簿、戸籍簿その他の権利若しくは義務に関する公正証書の原本として用いられる電磁的記録に不実の記録をさせることによって成立する（同157条1項）。
免状等不実記載罪	公務員に対し虚偽の申立てをして、免状・鑑札・旅券に不実の記載をさせることによって成立する（同条2項）。

私文書偽・変造罪	
有印私文書偽造罪	行使の目的で、他人の印章・署名を使用して、権利、義務、事実証明に関する文書・図画を偽造することによって成立する（刑法159条1項）。
有印私文書変造罪	他人が押印・署名した権利・義務・事実証明に関する文書・図画を変造することによって成立する（同条2項）。

19 文書偽・変造罪

偽無印・変造私文書罪	他人の印章・署名のない私文書を偽・変造することによって成立する（同条3項）。
私印偽造罪	行使の目的で、他人の印章・署名を偽造することによって成立する（刑法167条1項）。
私印不正使用罪	他人の印章・署名を不正に使用することによって成立する（同条2項前段）。 また、偽造した印章・署名を使用することによっても成立する（同項後段）。

4 電磁的記録不正作出及び供用罪

私電磁的記録不正作出罪

人の事務処理を誤らせる目的で、その事務処理の用に供する権利・義務・事実証明に関する電磁的記録を不正に作ることによって成立する（同161条の2第1項）。

公電磁的記録不正作出罪

前項の行為が、公務所・公務員により作られるべき電磁的記録に係る場合に成立する（同条2項）。

不正作出私・公電磁的記録供用罪

不正に作られた権利・義務・事実証明に関する電磁的記録を第1項の目的で人の事務処理の用に供した場合に成立する（同条3項）。

参考判例

「公務員の印章」とは　大判昭9.2.2

本条1項にいう「公務員ノ印章」とは、公務員が職務上公務員の印章として使用する一切の印章をいう。

「公務所又ハ公務員ノ作ル可キ文書」とは　大判明45.4.15

「公務所又ハ公務員ノ作ル可キ文書」とは、公務所または公務員が、その名義をもってその権限内において所定の形式に従って作成すべき文書であり、その権限が法令によるか内規または慣例によるかを問わない。

「偽造」とは　最判昭25.2.28

公文書の「偽造」は、作成権限のない者が、行使の目的をもって公務所・公務員の作成名義で文書を作成することであり、公務員であっても、公務所・公務員の印章若しくは署名を冒用して、権限のない文書を作成したときは、公文書の偽造となる。

偽造の程度　最判昭26.8.28

行使の目的をもって、公文書の形式を偽り、一般人をして公務所・公務員がその権限内において作成したものであると信じさせるに足りる形式・外観をそなえる文書を作成し、公文書の信用を害する危険を生じさせたときは、本罪が成立する。

私電磁的記録不正作出罪の事例　東京地判平1.2.22

キャッシュカード大のプラスチック板の磁気ストライプ部分にオフィスコンピューター等を用いて暗証番号等を印磁し、銀行の預金管理等の事務処理に使う事実証明等に関する電磁的記録を不正に作出し、これを銀行の現金自動預入払出機等に挿入して現金を引出した事案は、私電磁的記録不正作出罪、同供用罪及び窃盗罪の成立を認め、これらは牽連犯となる。

私電磁的記録不正作出罪の事例　甲府地判平1.3.31

的中していない勝馬投票券の磁気ストライプ部分に的中馬券と同一内容の電磁的記録を印磁し、場外馬券売場に設置された投票券自動払戻機に挿入して現金を払い出させた事案については、私電磁的記録不正作出罪、同供用罪及び窃盗罪が成立する。

練習問題

Q

次のうち、正しいものには○、誤っているものには×を記せ。

(1) 他人になりすまして銀行のATMを操作する目的で、キャッシュカードの磁気ストライプ部分に、他人の預金口座の口座番号、暗証番号等を印磁した場合は、電磁的記録不正作出罪に当たる。

(2) 情報入手の目的で他人のCD－ROMを勝手にコピーした場合は、電磁的記録不正作出罪に当たる。

(3) その記録の内容がコンピュータに対する指令であるプログラムは、電磁的記録不正作出罪における「電磁的記録」に含まれない。

(4) 文書偽造の罪（刑法第17章）については、未遂も処罰される。

(5) フリーライターのAは、出版社に売り込む目的で、アイドル歌手Y女の名義を無断で使用し、Y女の生い立ち等を記述した手記を作成した。この場合、私文書偽造罪が成立する。

(6) A社代表取締役甲は、自己の会社に対する債務を担保するため抵当権を設立したが、その抹消のために、ほしいままにA社代表取締役甲名義でA社の債権放棄書を作成した。この場合、私文書偽造罪は成立しない。

(7) 土地の売買契約が虚偽表示で無効であるにもかかわらず、登記官吏と通謀して土地登記簿に不実の記載をなさしめた場合、公正証書原本不実記載罪が成立する。

(8) 市長の代決者である課長を補助し、印鑑証明の作成を担当している課員が、申請書の提出と手数料を納付せずに自己の用に供する目的で印鑑証明書を作成した。この場合、公文書偽造罪が成立する。

解　答

○ (1) 設問のとおり。刑法161条の2参照。

× (2) 背任罪、窃盗罪の成立はともかく、電磁的記録不正作出罪は成立しない。なぜならば、「人の事務処理を誤らせる目的」を充足させないからである。

○ (3) 「権利、義務又は事実証明に関する」ものではないからである。なお、公電磁的記録毀棄罪（同258条）においては、そのような限定がないので含まれることになる。

× (4) 未遂が処罰されるのは、刑法157条、158条、161条、161条の2第3項の罪に限られる。

× (5) 手記・小説・詩歌などは、著作権の対象となり得るが、刑法上の文書とはいえない。

○ (6) 代表権を有する者が、その権限内で権限を濫用して本人名義の文書を作成しても私文書偽造罪は成立しない。背任罪は可。

× (7) 公正証書原本不実記載罪が成立するためには、公務員が不実であることを知らないことが必要である。

× (8) 補助者にも公文書の作成権限があるとされているので、内部規律違反はともかくとして、公文書偽造罪は成立しない（最判昭51.5.6）。

19　文書偽・変造罪　131

 論文対策

Q
　甲は、ビデオテープを貼り付けたキャッシュカード大のプラスチック板の磁気ストライプ部分にエンコーダーを使って乙の口座番号、暗証番号等を印磁し、それをS銀行の現金自動支払機に挿入して、乙の預金口座から100万円を引き出した。
　この場合、甲は、どのような刑責を負うか。

〔答案構成〕

1　結　論
　甲は、私電磁的記録不正作出罪、同供用罪及び窃盗罪の刑責を負う。なお、3罪は牽連犯である。

2　私電磁的記録不正作出罪の構成要件
　人の事務処理を誤らせる目的で、その事務処理の用に供する権利、義務又は事実証明に関する電磁的記録を不正に作ることである（刑法161条の2第1項）。
　○　「電磁的記録」の意義
　○　「人の事務処理を誤らせる目的」が必要である。
　○　「権利、事務又は事実証明に関する電磁的記録」であることを要する。

3　不正作出私電磁的記録供用罪の構成要件
　不正に作った権利、義務又は事実証明に関する電磁的記録を人の事務処理を誤らせる目的をもって人の事務処理に供することである（刑法161条の2第3項）。

4　事例の検討
　○　「資格確認の事務処理」を誤らせる目的があった。
　○　「事実証明に関する電磁的記録」の不正作出・供用である。
　○　引き出した行為は、窃取に当たる。

20 支払用カード電磁的記録に関する罪

出題ランク	1	2	3
★	/	/	/

組立て

- 支払用カード電磁的記録に関する罪
  - 支払用カード電磁的記録不正作出等罪
    - 意義
      - 代金等の支払用カードを構成する電磁的記録を不正に作ることにより成立する犯罪
    - 構成要件
      - 客体
      - 行為
      - 行使の目的
  - その他支払用カード電磁的記録に関する罪
    - 不正電磁的記録カード所持罪
    - 支払用カード電磁的記録不正作出準備罪 など

要　点

1 意　義

支払用カード電磁的記録に関する罪（刑法163条の2～の4）は、支払用カードを用いた支払いシステムに対する社会的信頼を保護法益とする。人の財産上の事務処理を誤らせる目的で、その事務処理の用に供する電磁的記録であって、クレジットカードその他の代金又は料金の支払用カードを構成する電磁的記録を不正に作ることにより成立する犯罪。

2 支払用カード電磁的記録不正作出罪

客　体（刑法163条の2第1項）
「クレジットカード、その他料金の支払用カード」 **例** クレジットカード、プリペイドカード、ＥＴＣカード、カード型電子マネー 「預貯金の引出用カード」 **例** キャッシュカード、デビットカード

> **わな** おサイフケータイ、ポイントカード、ローンカード、マイレージカード等は、本罪の対象ではない。

行　為	
不正に作る	権限なく、又は権限を濫用して支払用カードとして処理が可能な電磁的記録を作ること。
用に供する	不正に作出された電磁的記録がカードと一体化して、他人の財産上の事務処理のため、使い得る状態になること。

行使の目的
本罪は目的犯で、「行使の目的」が必要である。 「不正に作られた電磁的記録が用いられることにより、他人の財産上の事務処理を誤らせる目的」である。

3 その他支払用カード電磁的記録に関する罪

不正作出支払用カード電磁的記録供用罪　刑法163条の2第2項
不正に作られた支払用カードの電磁的記録を、人の財産上の事務処理を誤らせる目的で、その事務処理の用に供すること。
不正電磁的記録カード譲渡し罪等　刑法163条の2第3項
不正に作られた支払用カードの電磁的記録をその構成部分とするカードを、人の財産上の事務処理を誤らせる目的で、譲り渡し、貸し渡し、又は輸入すること。
不正電磁的記録カード所持罪　刑法163条の3
人の財産上の事務処理を誤らせる目的で、不正に作られた支払用カードの電磁的記録をその構成部分とするカードを所持すること。
支払用カード電磁的記録情報取得罪　刑法163条の4第1項前段 支払用カード電磁的記録情報提供罪　　　　〃　　　　　　後段
支払用カード電磁的記録不正作出行為の用に供する目的で、支払用カードを構成する電磁的記録の情報を取得する行為及びその電磁的記録の情報を情を知って提供すること。
支払用カード電磁的記録情報保管罪　刑法163条の4第2項
不正に取得された支払用カードを構成する電磁的記録の情報を支払用カード電磁的記録不正作出の用に供する目的で保管すること。
支払用カード電磁的記録不正作出器械原料準備罪　刑法163条の4第3項
支払用カード電磁的記録不正作出の用に供する目的で、その電磁的記録の情報を取得し、若しくは保管する又はかかる目的で器械又は原料を準備すること。

練習問題

Q

次のうち、正しいものには〇、誤っているものには×を記せ。

(1) 支払用カード電磁的記録に関する罪の保護法益は、支払用カードを構成する電磁的記録の真正、すなわち支払用カードを用いた支払いシステムに対する社会的信頼である。

(2) 支払用カード電磁的記録不正作出罪は、人の財産上の事務処理を誤らせる目的で、クレジットカードその他の代金又は料金の支払用のカードや預貯金の引出用のカードを構成する電磁的記録を不正に作る行為を処罰するものである。

(3) 不正作出支払用カード電磁的記録供用罪は、不正に作られた支払用カードの電磁的記録を、人の財産上の事務処理を誤らせる目的で、その事務処理の用に供する行為を処罰するものである。

(4) 不正電磁的記録カード所持罪は、人の財産上の事務処理を誤らせる目的で、不正に作られた支払用カードの電磁的記録をその構成部分とするカードを所持する行為を処罰するものである。

(5) 支払用カード電磁的記録情報取得罪における「取得」とは、電磁的記録が保存されている支払用カードを窃取することをいう。

解　答

○ (1) 代金又は料金の支払用カードとは、クレジットカード（代金後払い）、プリペイドカード（前払い）、デビットカード（預貯金の即時振替払い）等、商品の購入等の取引の対価を現金で支払う代わりに、所定のシステムにより代金を支払うために用いるカードをいう。

○ (2) 設問のとおり。刑法163条の2第1項参照。

○ (3) 設問のとおり。刑法163条の2第2項参照。

○ (4) それ自体が反覆して人の財産上の事務処理に供されることを可能にするものであり、その所持による法益侵害の危険性が格段に高いこと及び不正に作られた電磁的記録は真正なものと全く区別が付かないために、その所持を処罰するものである。

× (5) 支払用カード電磁的記録情報取得罪（刑法163条の4第1項前段）における「取得」とは、電磁的記録が保存されている支払用カードを窃取することではなく、真正の支払用カードから、電磁的方式で記録されている情報をスキマーなどの電子機器により複写し、同機器に設置されている記録媒体に蓄積させて取得するスキミング行為がその典型例である。

20　支払用カード電磁的記録に関する罪

 論文対策

Q

支払用カード電磁的記録不正作出・供用・譲り渡し等の罪について簡記せよ。

〔答案構成〕

1 意 義

刑法第163条の2は、人の財産上の事務処理を誤らせる目的で、クレジットカード等を不正に作成した場合、これらの電磁的記録を供した場合、又はこれらの電磁的記録の構成部分とするカードを、譲り渡し、貸し渡し、又は輸入した場合を処罰することとしている。

なお、これらの未遂も処罰される。

2 客 体

同条第1項、第2項の客体は、クレジットカード、プリペイドカードその他の代金又は料金の支払用のカードを構成するもの、及び預貯金の引出用のキャッシュカードを構成するものである。

同条第3項の客体は、不正に作出された電磁的記録を構成部分とする支払用カードである。

3 行 為

同条第1項は、支払用カード電磁的記録の不正作出、第2項は不正に作られた電磁的記録の供用、第3項は不正に作られた電磁的記録の譲り渡し、貸し渡し、輸入である。

出題ランク	1	2	3
★★	/	/	/

21 性犯罪

 組立て

- 概要
  健全な性秩序と性風俗を保護法益とする。

- 公然わいせつ罪
  公然とわいせつな行為をした場合

- わいせつ物頒布等の罪
  わいせつな文書・図画・電磁的記録に係る媒体等の頒布、陳列、又は販売目的の所持

性犯罪

- 強制わいせつ罪
  13歳以上の者に対する暴行・脅迫を用いたわいせつ行為、また、13歳未満の者に対しては方法のいかんを問わないわいせつ行為をした場合

- 強制性交等罪
  13歳以上の者に対する暴行・脅迫を用いた性交等又は13歳未満の者の方法のいかんを問わない性交等

- 準強制わいせつ罪・準強制性交等罪
  人の心神喪失、抗拒不能に乗じ、又は心神を喪失、抗拒不能にさせて、わいせつな行為又は性交等をした場合

- 監護者わいせつ罪・監護者性交等罪
  18歳未満の者を監護する者がその影響力に乗じて、わいせつな行為又は性交等をした場合

21 性犯罪 139

要 点

1 概 要
健全な性秩序と性風俗を維持するため、次の行為等が犯罪とされる。

2 公然わいせつ罪（刑法174条）
公然とわいせつな行為をした場合に成立する。

公然	不特定又は多数の人が認識し得る状態のことをいうが、現実的には、その可能性があれば足りる。
わいせつ	性欲を興奮又は刺激させ、かつ、普通人の性的羞恥心を害し、善良な性的道義観念に反する行為 例 陰部の露出 他人に見せるための性交等

3 わいせつ物頒布等の罪（刑法175条）
わいせつな文書・図画・電磁的記録に係る記録媒体等を頒布・公然と陳列し、又は有償で頒布する目的でこれらの物を所持することによって成立する。

頒 布	不特定又は多数人に配布すること。
公然と陳列	不特定又は多数人が物の内容を認識し得る状態に置くこと。例えば、ホームページ上のわいせつ図画の掲載もこれに当たる。

4 強制わいせつ罪（刑法176条）
13歳以上の者に対し、暴行又は脅迫を用いてわいせつな行為をすること。また、13歳未満の者に対しては、方法のいかんを問わず、わいせつな行為をすることによって成立する。

暴行・脅迫	相手方を抗拒不能にする程度は必要なく、相手方の反抗を著しく困難にする程度で足りる。

5 強制性交等罪(刑法177条)

暴行又は脅迫を用いて13歳以上の者を性交等し、又は方法のいかんを問わず13歳未満の者を性交等することによって成立する。既遂となるのは生殖器の結合、肛門又は口腔に生殖器を入れた時である。また、13歳未満の者については、承諾の上、性交等しても本罪が成立する。なお、その場合には、13歳に満たない者であることの認識が必要である。

6 準強制わいせつ罪・準強制性交等罪(刑法178条)

相手の心神喪失、抗拒不能に乗じ、又は心神を喪失、抗拒不能にさせて、わいせつな行為又は性交等をしたことにより成立する。

心神喪失	精神の障害によって正常な判断力を失っている状態(泥酔、睡眠、強度の精神的な障害、知的障害等)。
抗拒不能	心神喪失以外の理由で心理的・物理的に反抗不能な状態(手足を縛られた状態、恐怖・驚愕・錯誤等によって行動の自由を失っている状態等)。

7 監護者わいせつ罪・監護者性交等罪(刑法179条)

18歳未満の者を現に監護する者がその影響力に乗じて、わいせつな行為又は性交等をすることによって成立する。この場合、18歳未満の者の同意の有無は問わない。

監護する者	18歳未満の者を生活全般にわたって、衣食住等の経済的な観点のほか、生活上の指揮監督など精神的な観点も含めて、現に監督し、保護している者を指す(実親・養親等)。
影響力があることに乗じて	監護する者の影響力が一般的に存在し、行為時においてもその影響力を及ぼしている状態であることをいう。

参考判例

「わいせつな文書」とは　（チャタレイ事件）　最判昭32.3.13
刑法第175条の「わいせつな文書」とは、その内容がいたずらに性欲を興奮または刺激させ、且つ、普通人の正常な性的羞恥心を害し、善良な性的道義観念に反する文書をいう。 　文書が、「わいせつな文書」にあたるかどうかは、当該文書についてなされる事実認定の問題でなく、法解釈の問題であり、また、文書が、「わいせつな文書」にあたるかどうかは、一般社会において行われている良識、すなわち社会通念に従って判断すべきものである。社会通念は、個々人の認識の集合またはその平均値でなく、これを超えた集団意識であり、個々人がこれに反する認識をもつことによって否定されるものでない。 　芸術的作品であってもわいせつ性を有する場合がある。わいせつ性の存否は、当該作品自体によって客観的に判断すべきものであって、作者の主観的意図によって影響されるものではない。 　刑法第175条に規定するわいせつ文書販売罪の犯意があるとするためには、当該記載の存在の認識とこれを頒布、販売することの認識があれば足り、かかる記載のある文書が同条所定のわいせつ性を具備するかどうかの認識まで必要とするものではない。 　憲法第21条の保障する表現の自由といえども絶対無制限のものではなく、公共の福祉に反することは許されない。

174条、175条にいう「公然」とは　最決昭32.5.22
刑法174条及び刑法175条にいう公然とは、不特定又は多数の人が認識することのできる状態をいうとした原判決の判示は正当である（40名位の不特定多数の者に対し、わいせつ映画を観覧させた事案。一審は有罪、二審は控訴棄却）。

175条にいう「販売の目的」とは　最決平18.5.16
児童の姿態に係る画像データを記憶、蔵置させて児童ポルノ・わいせつ物である光磁気ディスクを製造し、これを所持する行為は、販売用コンパクトディスク作成に備えてのバックアップのためのものである場合には、コンパクトディスク作成の際に児童の目の部分にぼかしを入れるなどの加工を施す意思であっても、児童買春、児童ポルノに係る行為等の処罰及び児童の保

護等に関する法律（平成16年法律第106号による改正前のもの）7条2項にいう「前項に掲げる行為の目的」のうちの児童ポルノを販売する目的及び刑法175条後段にいう「販売の目的」で行われたものということができる。

175条にいう「公然と陳列した」とは　最決平13.7.16

刑法175条にいうわいせつ物を「公然と陳列した」とは、その物のわいせつな内容を不特定又は多数の者が認識できる状態に置くことをいい、わいせつな内容を特段の行為を要することなく直ちに認識できる状態にすることを要しない。

いわゆるパソコンネットのホストコンピュータのハードディスクにわいせつな画像データを記憶、蔵置させ、不特定多数の会員が自己のパソコンを使用して、この画像データをダウンロードした上、画像表示ソフトを用いて画像を再生閲覧することが可能な状態に置くことは、刑法175条にいうわいせつ物を「公然と陳列した」ことに当たる。

強制わいせつの「実行行為の着手」が認められない事例　東京高判平19.3.26

たとえ、わいせつ行為目的を有していたとしても、わいせつ行為に出ることなく、本件暴行や脅迫を加えただけでは、未だ強制わいせつに到る客観的な危険性が明らかに認められるとまでは言い難く、強制わいせつ行為の実行の着手を認めることはできない。

強姦罪の実行の着手　最決昭45.7.28

被告人が、ほか1名と共謀のうえ、夜間1人で道路を通行中の婦女を強姦しようと企て、共犯者とともに、必死に抵抗する同女を被告人運転のダンプカーの運転席に引きずり込み、発進して同所から約5,800メートル離れた場所に至り、運転席内でこもごも同女を強姦した本件事実関係のもとにおいては、被告人が同女をダンプカーの運転席に引きずり込もうとした時点において強姦罪の実行の着手があったものと解するのが相当である。

※　刑法等の一部を改正する法律についての概要：231頁参照

練習問題

Q

次のうち、正しいものには○、誤っているものには×を記せ。

(1) 13歳以上の相手方に対し、「13歳未満」の者という認識の下に、暴行、脅迫によらず、わいせつの行為をしたときは、強制わいせつ罪を構成しない。

(2) 13歳未満の相手方に対し、「13歳以上」の者という認識の下に、相手方の同意又は承諾を得て、わいせつの行為を行ったときは、強制わいせつ罪を構成しない。

(3) 同一の機会に、異なる被害者に対して行われた強制わいせつ罪の行為は、強制わいせつ罪一罪が成立する。

(4) 平成29年8月に、A女は、B男に暴行・脅迫を加え、強制性交をした。この場合、強制わいせつ罪が成立する。

(5) A男は、13歳未満の者の口腔に自己の生殖器を入れた。この場合、発生が平成29年7月12日以前であれば、強制わいせつ罪が成立する。

(6) 平成29年の刑法改正で新設された監護者わいせつ罪及び監護者性交等罪の主体は、現に18歳未満の者を「監護している者」に限られる。

 解　答

○ (1) 13歳以上の者に対する強制わいせつ罪は、手段として、暴行又は脅迫を要する。この場合、13歳以上であることの認識は不要である。

○ (2) 13歳未満の者に対する強制わいせつ罪は、手段として、暴行又は脅迫は要しない。この場合、13歳未満であることの認識が必要である。ただし、この認識は未必的なもので足りる。

× (3) 異なる被害者に対して行われた強制わいせつ罪の行為は、同一の機会に行われても併合罪となる（広島高岡山支判昭48.4.3）。

× (4) 強制性交等罪が成立する。平成29年の刑法改正により加害者・被害者の性別は問われなくなった。ただし、設問の行為が施行前（平成29年7月12日以前）時点で発生した場合は、強制わいせつ罪が成立する。

○ (5) いわゆる「口腔性交」と「肛門性交」について、平成29年の刑法改正により強制性交等罪に該当することとなった。そのため、行為が施行前（平成29年7月12日以前）時点であれば、強制わいせつ罪に該当し、施行後であれば、強制性交等罪に該当する。

○ (6) 設問のとおり、身分犯である。「監護している者」とは、18歳未満の者を生活全般にわたって、衣食住等の経済的な観点のほか、生活上の指揮監督など精神的な観点も含めて、現に監督し、保護している者を指す（実親・養親等）。

論文対策

Q

Aは、家人不在中のB方で、現金、貯金通帳等を窃取し、逃走しようと屋外に出たところ、買い物から帰宅したBの妻C子がこれを発見し騒ぎ出そうとしたので、逮捕を免れるために同女を屋内に押し込み、ひもで両手を縛り上げて押入れに入れたが、にわかに劣情を催し、押入れ内で畏怖していた同女を強いて性交した。

Aの刑責について述べよ。

※ 本事例の当該行為の発生は、平成29年7月15日とする。

〔答案構成〕

1 結 論

Aは、強盗・強制性交等罪の刑責を負う。

2 強盗・強制性交等罪の成立要件

強盗・強制性交等罪は、同一の機会に強盗の罪と強制性交等罪の行為がなされた場合に成立する。この場合、その行為の先後は問わない。つまり、

- 強制性交等犯人が被害者に対して、強盗の罪に該当する行為を行った場合
- 強盗犯人が被害者に対して、強制性交等の行為を行った場合

の両方が当てはまる。

また、強盗の罪には、強盗罪(刑法236条)、事後強盗罪(同238条)、昏酔強盗罪(同239条)が含まれる。

3 刑法の一部を改正する法律の施行前における適用規定

刑法の一部を改正する法律の施行前(平成29年7月12日以前)に、①強盗犯人がその機会に強姦した場合には、強盗強姦罪が成立するが、②強姦行為の後に強盗の犯意を生じて強盗を実行した場合は、強姦罪と強盗罪の併合罪となる。

4 関係判例

　犯人が衣類を窃取して屋外に出た際、帰宅した家人（女性）に発見され、逮捕を免れるため、同女を屋内に押し入れ両手を後ろ手に縛り上げて押入に入れるなどの暴行を加えた後、同女の姿態を見て劣情を催しその押入内で同女を強姦した場合において、強姦前に盗品をもとの場所に返還した事実があったとしても、刑法第241条前段の罪の成立を妨げない（最判昭30.12.23）。

5 事例の検討

　Aは、家人不在中のB方で、現金、貯金通帳等を窃取し、逃走しようと屋外に出たところ、買い物から帰宅したBの妻C子がこれを発見し騒ぎ出そうとしたので、逮捕を免れるために同女を屋内に押し込み、ひもで両手を縛り上げて押入れに入れたもので、事後強盗が成立するのは問題ない。またその後、強いて性交をしたものであるから、強制性交等罪の構成要件を満たすことについても問題なく、Aは、強盗・強制性交等罪の刑責を負う。

Check!

その他関連のある特別法

□児童福祉法（昭和22.12.12公布）

　児童が心身ともに健やかに生まれ、且つ、育成されるように国民は努めることをはじめ、国及び地方公共団体の責任などを規定。児童に淫行をさせる行為の禁止等も含まれる。

□軽犯罪法（昭和23.5.1公布）

　様々な軽微な秩序違反行為を規定。身体の一部をみだりに露出することの禁止等も含まれる。

□風俗営業等の規制及び業務の適正化等に関する法律（昭和23.7.10公布）

　清浄な風俗環境の保持と少年の健全育成に障害を及ぼす行為の防止等を規定

□売春防止法（昭和31.5.24公布）

　売春の勧誘・周旋・売春契約・場所提供・管理売春等の禁止を規定

□児童買春、児童ポルノに係る行為等の規制及び処罰並びに児童の保護等に関する法律（平成11年5月26日公布）

　児童買春、児童ポルノに係る行為等を処罰するとともに、これらの行為等により心身に有害な影響を受けた児童の保護のための措置等を規定

□ストーカー行為等の規制等に関する法律（平成12.5.24公布）

　つきまとい行為を反復するストーカー行為の規制

□インターネット異性紹介事業を利用して児童を誘引する行為の規制等に関する法律（平成15.6.13公布）

　インターネット異性紹介事業の規制

出題ランク	1	2	3
★★	/	/	/

22 賄賂罪

 組立て

- 賄賂罪 ─┬─ 賄賂罪の本質
         │   「すべて公務員は、全体の奉仕者であつて、一部の奉仕者ではない。」(憲法15条2項)
         │
         ├─ 賄賂の意義
         │
         ├─ 賄賂罪と収賄罪に共通する成立要件 ─┬─ 主体
         │   ├─ 客体
         │   └─ 行為 ─┬─ 収受
         │   ├─ 供与
         │   ├─ 要求
         │   ├─ 申込み
         │   └─ 約束
         │
         └─ 賄賂罪の態様 ─┬─ 収賄罪
                          └─ 贈賄罪

要　点

1　賄賂罪の本質

憲法15条2項は、「すべて公務員は、全体の奉仕者であつて、一部の奉仕者ではない。」と規定している。すなわち、公務員の職務上の行為は、全体のために行われるべきものであって、一部の者のために行われるべきものではない。

したがって、その報酬もまた国又は公共団体がこれを給するのであって、それ以外に私人が職務行為の報酬を公務員に与える行為は、公務の性質に反することとなる。

すなわち、賄賂罪は、公務員の職務執行の公正を保持し、職務の公正に対する社会の信頼を確保することを本質とする罪であり、公務員による犯罪（収賄罪）と公務員に対する犯罪（贈賄罪）とに分かれる。

2　賄賂の意義

「賄賂」とは、公務員の職務に関する不法な報酬としての利益であって、収賄罪が成立するためには、賄賂と職務行為とが給付と反対給付という対価的関係に立つことを要する。

しかし、個々の職務行為と賄賂との対価関係は、必ずしも必要ではなく、何らかの職務行為が行われたこと、あるいは行われることを前提として、その反対給付としての性質をもつことで十分である。

3　贈賄罪と収賄罪に共通する成立要件

主　体
贈賄罪は、非身分犯であり、その主体に何ら制限はない。 　これに対して、収賄罪は、身分犯であり、その主体は公務員に限られる。ただし、公務員の身分について、 ①現にその地位にある者 ②将来その地位に就こうとする者 ③過去にその地位にあった者 によって成立する犯罪が異なる。

「公務員」とは、国又は地方公共団体の職員その他法令により公務に従事する議員、委員その他の職員（刑法7条1項）をいい、みなす公務員も含まれる。

客 体
客体は、賄賂である。 その内容となる利益は、物質的利益・精神的利益のいずれでもよく、経済的価値を有することも必要ではない。 代表的なものは、金銭・有価証券等のほか、債務の弁済、酒食の供応、ゴルフクラブ会員権、異性間の情交等も賄賂となる。

行 為
贈賄罪と収賄罪における共通の構成要件的行為は、受受、供与、要求、申込み、約束の五つである。

収受	賄賂を取得することである。有形の財物の場合には、その占有を取得したときに収受となり、また、無形の利益の場合には、現にその利益を受けたときに収受となる。 なお、いったん受け取っておきながら、後に考え直してこれを返還したとしても、収受罪の成立を妨げない。
供与	相手方である公務員に対して賄賂を収受させることをいう。相手方が収受しない限り、申込みにとどまる。 収受罪と供与罪とは、必要的共犯である。
要求	賄賂の供与を請求することである。一方的な行為で足り、相手方がこれに応じなくてもよい。
申込み	収受を促すことである。単なる口頭による申出で足り、必ずしも現実に相手方が賄賂を収受し得る状態に置くことを要しない。相手方が賄賂であると認識可能な状態で行わなければならないが、実際に賄賂であることが認識されたかどうかを問わない。 申込罪と要求罪は、申込者・要求者の一方的行為により成立し、それに対応する相手方の行為を必要としないので、必要的共犯ではない。
約束	収賄者と贈賄者との間に、賄賂の収受について意思の合致がみられることをいう。したがって、約束罪は、必要的共犯である。賄賂の内容、その履行期日が確定しなくても

よい。いったん約束がなされた後に、これを解除する意思を示したとしても、約束罪の成立に影響しない。

4 賄賂罪の態様

収賄罪

収賄罪は、公務員の職務の性質に鑑み、その職務の威信と公正を害するとみられる収賄行為を罰するものであって、公務員を不当に取り扱うものではなく、憲法第14条（法の下の平等）に反するものではない（最判昭34.12.9参照）。

収賄罪は、単純収賄罪（刑法197条1項前段）を基本とし、

刑を加重したもの：受託収賄罪（刑法197条1項後段）、加重収賄（刑法197条の3第1項、2項）

成立要件を拡張したもの：事前収賄罪（刑法197条2項）、第三者供賄罪（刑法197条の2）、事後収賄罪（刑法197条の3第3項）、あっせん収賄罪（刑法197条の4）

がある。

贈賄罪

収賄罪が、公務員の職務違反を本質とするのに対して、贈賄罪は、公務員をその職務違反へ誘惑する行為を処罰し、もって公務執行の公正を保持するとともに、その社会的信用を確保しようとする点に特色がある。

贈賄罪には、贈賄罪とあっせん贈賄罪とがある（刑法198条）。

記憶法

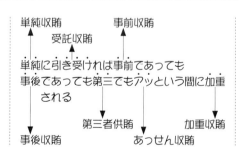

参考判例

収賄罪の事例　最決平17.3.11

　警視庁Ａ警察署地域課に勤務する警察官が、同庁Ｂ警察署刑事課で捜査中の事件に関して、告発状を提出していた者から、告発状の検討、助言、捜査情報の提供、捜査関係者への働き掛けなどの有利かつ便宜な取り計らいを受けたいとの趣旨の下に供与されるものであることを知りながら、現金の供与を受けたときは、同警察官が同事件の捜査に関与していなかったとしても、刑法197条１項前段の収賄罪が成立する。

受託収賄罪の事例　最決平20.3.27

　参議院議員が、ある施策の実現を目指す者から、参議院本会議において内閣総理大臣の演説に対して所属会派を代表して質疑するに当たり、その施策の実現のため有利な取り計らいを求める質問をされたい旨の請託を受け、さらに、他の参議院議員を含む国会議員に対し国会審議の場において同旨の質疑等を行うよう勧誘説得されたい旨の請託を受け、これらの報酬として金員を受領したことは、その職務に関し賄賂を収受したものであって、受託収賄罪に当たる。

練習問題

Q

次のうち、正しいものには○、誤っているものには×を記せ。

(1) 賄賂を受け取った当時、賄賂としての認識がなければ、後でそれを認識したが返還しないでそのまま保持していたとしても収賄罪は成立しない。

(2) 国立大学教授甲は、学位論文の主査として乙の論文を審査し、同論文が水準に達していたのでこれを合格させた。後日、乙がその謝礼として提供した現金50万円を収受した。この場合、単純収賄罪は成立しない。

(3) 市役所用度係Aは、業者Bが将来物品納入につき便宜な計らいを受けることを期待して供与した現金10万円をその情を知りながらもらい受けた。この場合、Aに単純収賄罪が成立する。

(4) 税務署員甲は、所得税の査定等に有利な扱いをした謝礼として乙から現金10万円を収賄し費消したが、後日、同額を乙に返還した。甲は追徴されることはない。

(5) 贈賄罪は、収賄罪と密接な関係を有し、基本的には必要的共犯の関係に立つ。

(6) 収賄罪の行為は、賄賂の収受・要求・約束である。「要求」は、相手方に対して賄賂の交付を求める意思表示で、相手方がこれを認識し、合意することが必要である。

(7) 警察官甲は、酒酔い運転の犯人乙に、その違反のもみ消しを頼まれこれをもみ消し、退職後その謝礼として10万円を要求して断られた。甲に賄賂罪は成立しない。

(8) 土建業者Aは、市長選立候補者Bに、市長に当選したら市の工事を請け負わせて欲しいと頼み、100万円を手渡したがBは落選した。賄賂罪は成立しない。

(9) 金品のほか債務の弁済、社会的地位の贈与も賄賂に当たる。

解　答

× (1) 不作為による収受となる。受け取った当時、賄賂としての認識がなければ収受とならないが、後になってそれを認識したときそれを返還しないでそのまま保持すればその時点で収受となる。

× (2) 過去の正当な職務行為に対する事後の対価・報酬として賄賂を収受・要求・約束した場合であっても収賄罪は成立するので、甲に単純収賄罪が成立する。

○ (3) 将来期待される職務行為に対する事前の対価・報酬として供与された賄賂の収受も収賄罪を構成する。

× (4) 犯人又は情を知った第三者が収受した賄賂は必ず没収され、その全部又は一部を没収することができないときはその価額が追徴される（刑法197条の5）。設問の場合、返還した10万円は賄賂そのものではなく、収賄者が利益を得たことに変わりはないから甲に対し、その価額が追徴されることになる。

○ (5) 贈賄罪と収賄罪は不可分の関係にあり、このような犯罪を「必要的共犯」ないし「対向犯」という。

× (6) 「要求」は、相手方に対して賄賂の交付を求める意思表示で足り、相手方の認識、合意まで必要ではない。

× (7) 甲は、在職中に交通違反のもみ消しを行い、退職後、その対価として10万円を要求したのであるから、事後収賄罪（刑法197条の3第3項）が成立する。

○ (8) Bが当選し市長になればBに事前収賄罪、Aに贈賄罪が成立するが、Bは落選して現実に公務員とならなかったのであるから、処罰条件を欠き事前収賄罪は成立せず、これに対応するAの贈賄罪も成立しない。

○ (9) 人の需要・欲望を満足させるものなら物質的利益・精神的利益を問わない。酒食の饗応・異性間の情交も賄賂となる。

22　賄賂罪

論文対策

Q

甲は、A税務署の法人税係であるが、同人が不在中、会社社長乙が甲宅に訪れ、甲の妻に「御主人に渡してください」と言って現金50万円在中の封筒を置いて帰った。帰宅後、甲は、これを知り、課税額の査定に手心を加えて欲しいという意味だと気付き、すぐに返還しようとしたが、乙が頑強に拒み続けるので、その金を自己の係の諸経費に充て、査定については何ら手心を加えなかった。

この場合、甲、乙は、それぞれどのような刑責を負うか。

〔答案構成〕

1 結 論

甲については単純収賄罪、乙については贈賄罪がそれぞれ成立する。

2 予想される賄賂罪とその構成要件

(1) 単純収賄罪
(2) 受託収賄罪
(3) 第三者供賄罪
(4) 加重収賄罪

3 事例の検討

○ 何ら請託を受けていないから、受託収賄罪及び第三者供賄罪は成立しない。

○ 査定に手心を加えていないから、加重収賄罪は不成立

4 単純収賄罪の成立の可否

○ 「収受」の意義

○ 甲について、係の諸経費に充てようとの意思が生じた時に単純収賄罪が成立する。

○ 乙の行為は、甲に対応し、「申込」ではなく「供与」となる。

156

出題ランク	1	2	3
★★	/	/	/

23 傷害罪

組立て

- 傷害罪の意義
  故意に人の身体を傷害すること。

- 構成要件
  - 客体—人の身体
  - 行為—傷害行為
    - 傷害の意義
      - 完全性侵害説
      - 生理的機能障害説
      - 折衷説
    - 傷害の態様
      - ・有形力の行使：暴行
      - ・無形的方法：精神障害
      - ・不作為：病人への医薬不投与

- 故意
  - 暴行罪の結果的加重犯としての傷害罪
  - 故意犯としての傷害罪

- 傷害致死罪

- 現場助勢罪

- 同時傷害の特例

23 傷害罪 157

要 点

1 傷害罪の意義

傷害罪は、故意に人の身体を傷害することによって成立する(刑法204条)。身体の安穏は、生命と並ぶ個人的法益である。

2 構成要件

人の身体を傷害することである。		
客 体		
人の身体	人とは、自然人をいい、他人を意味する。自傷行為は、原則として罪にならない。	
傷害行為		
傷害の意義	傷害の意義については、次のような学説がある。	
	完全性侵害説	人の身体の完全性を害することであるとする説
	生理的機能障害説	人の生理的機能に障害を与えること、あるいは、人の健康状態を不良に変更することであるとする説
	折衷説	身体の完全性の侵害と生理的機能の障害の、いずれも傷害であるとする折衷説
	判例の立場は必ずしも明確でないが、おおむね生理的機能障害説によるものと解される。いずれにしても、外傷の存在は、傷害の要件でなく、判例によれば、○疲労倦怠若しくは胸部の疼痛、○失神状態の惹起、○詐言による病毒の感染、○身体表皮の剝離、○暴行による歯牙の脱落、○眼の充血, 周辺の腫脹等も傷害に当たるとされている。	
傷害	傷害を生じさせる方法としては、通常、暴行が用いられる。すなわち、人の身体に対する有形力の行使である。しかし、暴行によらない無形的方法、あるいは不作為による	

の態様	傷害もある。前者の例としては、人を恐怖に陥れて精神障害を起こさせたり、性行為によって性病を感染させた場合がある。後者の例としては、子供が危険な場所に近づくのを放置して負傷させるとか、病人に医薬を与えないで病状を悪化させる等がある。

3 故 意

傷害罪には二つの形態がある。

暴行罪の結果的加重犯としての傷害罪

単に暴行の故意をもって暴行し、その結果として傷害させた場合である。傷害が発生しなければ当然に暴行罪である。

故意犯としての傷害罪

傷害の故意で、暴行又はその他の方法により傷害を発生させた場合である。傷害の故意で暴行を加えたが、傷害が発生しなかった場合は、傷害未遂の規定がないことから、暴行罪のみが成立することとなる。

4 傷害致死罪（刑法205条）

人の身体を傷害し、その結果人を死亡させた場合に成立する。死亡という結果の認識・容認があれば殺人罪となる。傷害致死は、認識・容認がないときに限る結果的加重犯である。

5 現場助勢罪（刑法206条）

傷害罪の現場で助勢した者は、自ら手を下さなくても現場助勢罪が成立する。ただし、特定の正犯者を幇助する場合は傷害罪の従犯となる。

6 同時傷害の特例（刑法207条）

2人以上で暴行を加えて人を傷害した場合において、それぞれの暴行による傷害の軽重を知ることができず、又はその傷害を生じさせた者を知ることができないときは、共同して実行した者でなくても、共犯の例による。

参考判例

「傷害」とは　最決昭32.4.23

原判決が、傷害とは、他人の身体に対する暴行によりその生活機能に障害を与えることであって、健康状態を不良に変更した場合を含むものと解し、他人の身体に対する暴行により、その胸部に疼痛を生じさせたときは、たとえ、外見的に皮下溢血、腫脹又は肋骨骨折等の打撲痕は認められないにしても、前示の趣旨において傷害を負わせたものと認めるのが相当であると判示したのは正当であって誤りはない。

傷害罪の成立要件　最判昭25.11.9

傷害罪は結果犯であるから、その成立には傷害の原因たる暴行についての意思が存在すれば足り、特に傷害の意思の存在を必要としないのである。

傷害致死罪の成立要件　大判大11.5.9

人に対し故意に暴行を加え、その結果、人を死に致らしめたときは、たとえその結果が犯人の目的とせず、または全く意識していなかった人に生じた場合でも、傷害致死罪が成立する。

傷害致死罪の成立要件　最判昭32.2.26

傷害致死罪の成立には、犯人の暴行と被害者の死亡との間に因果関係の存在を必要とするが、致死の結果についての予見の可能性を要しない。

傷害致死罪の成立要件　最決昭54.4.13

被告人らがAに対し暴行・傷害を加える旨共謀し、被告人Bが、Aの下腹部を小刀で突き刺して失血死させ、被告人Cらが、被告人Bを逃走させようと意思相通じ、共同して4名の巡査の公務の執行を妨害し、被告人Dが、喧嘩の相手を脅したり、刺したりするのに使用するものであることを知りながら、小刀をEに渡し、被告人Bの前記犯行を幇助し、被告人Fらが、Gを畏怖させ、金員を喝取するなどした事件につき、原判決が、被告人らに有罪を言い渡した1審判決を維持し、控訴を棄却したため、上告した事案。暴行・傷害を共謀した被告人ら7名のうちのBが殺人罪を犯した本件において、殺意のなかった被告人ら6名については、殺人罪の共同正犯と傷害致死罪の共同正犯

の構成要件が重なり合う限度で軽い傷害致死罪の共同正犯が成立するものと解すべきである。

現場助勢罪の成立要件　大判昭2.3.28

　本条〔刑法206条〕は、傷害の現場における単なる助勢行為を処罰するものであって、特定の正犯者の傷害行為を容易にした場合は、傷害罪の従犯である。

同時傷害の特例の成立要件　大阪高判昭34.11.9

　本条〔刑法207条〕は、共同者でない2人以上の者が、同一人に対し時間的・場所的に相接近して暴行を加え、傷害の結果を生じさせた場合に、その傷害の軽重を知ることができないとき、またはその傷害を生じさせた者を知ることができないときのみに適用される。

練習問題

Q

次のうち、正しいものには〇、誤っているものには×を記せ。

(1) 甲は、乙の頭髪をハサミで根元から切り取った。この場合、甲に傷害罪が成立する。

(2) 甲は、乙女の頭髪を引っ張り、毛根の弛緩等による皮下結締組織炎を生じさせた。甲に傷害罪が成立する。

(3) Aは、Bを約30分間人事不省に陥らせたが、Bはたちまち回復し、その精神、身体に何らの障害も残さなかった。Aは傷害罪の刑責を負う。

(4) 他人に暴行を加えたところ、予想もしていなかった傷害の結果が発生した場合には、傷害の故意が認められないので、過失傷害罪となる。

(5) 他人に腐敗した飲食物を食べさせて下痢を起こさせたような場合には、腐敗した飲食物であること、それによって腹痛その他の傷害を与えることを、不確実にせよ認識していなければ傷害罪とならない。

(6) 甲は、自分が性病にかかっていることを知りながら、乙女と肉体関係を結んで性病を感染させた。甲に傷害罪が成立することはない。

(7) Aは、不仲の隣家の子供B（3歳）が、Aの管理にかかる資材置場の資材に登って遊んでいるのを見かけたが、同人が転落して怪我すれば良いと思い放置したため、Bは転落して負傷した。この場合、Aに傷害罪が成立する。

解　答

× (1) 判例は、傷害罪は人の生理的機能を害することであるとの立場からこれを傷害と認めず、単に暴行罪が成立するにすぎないとしている。

○ (2) 毛髪は抜けていないが、身体の完全性と生理的機能の両方を害しているから傷害に当たり、甲に傷害罪が成立する。

× (3) 身体侵害が軽微であるとして傷害罪の成立を否定した判例がある。なお、相当時間人事不省が続くときは傷害罪が成立するとした判例もある。

× (4) 暴行の故意で人に暴行を加えて傷害を負わせた場合、すなわち、暴行罪の結果的加重犯としての傷害罪は、基本的構成要件として暴行罪の故意をもって暴行を加え傷害の結果を生じさせた場合には、傷害の点について故意がなくても傷害罪が成立するとされている。

○ (5) 暴行によらない傷害の場合には、必ず傷害の故意に基づくことが必要である。

× (6) 甲に傷害の故意を必要とするから、性病の感染について未必的にすら認識がなかったとすれば傷害罪の刑責を負わせられず、せいぜい過失傷害にとどまるが、設問の場合、甲は、自分が性病にかかっていたことを知っていたのであるから、少なくとも未必的な傷害の故意を認めることができる。

○ (7) 不作為による傷害である。Ａには資材置場の管理者として危険を防止する作為義務があるのにこれをしなかったのであるから、不作為犯が成立する。

論文対策

Q

非行グループX団に所属するAは、同グループを脱退しようとしたため、同団幹部甲から顔面を殴打されたり腹部を足蹴りされた。その1時間後、帰宅のために利用したバスから降りたところで対立グループの乙に出会い、その場で、同じ部位に再び殴打・足蹴りの暴行を受けた。Aは、顔面・腹部打撲により全治1か月の傷害を負ったが、その傷害が甲・乙のうちいずれの者の暴行行為によって生じたものであるか判明しなかった。

この場合、甲・乙は、どのような刑事責任を負うか。

〔答案構成〕

1 結 論

刑法207条(同時傷害)の規定が適用されず、甲及び乙は、いずれも暴行罪の刑事責任を負うにとどまる。

2 傷害罪の意義と態様

傷害罪は、人の身体を傷害することによって成立する。

① 暴行罪の結果的加重犯としての傷害罪

② 故意犯としての傷害罪

3 同時傷害の特例の意義と要件

(1) 意 義　刑法207条

(2) 要 件

① 共同実行意思の連絡をもたない2人以上の者が、同一の機会に暴行したこと

② 発生した傷害が誰の暴行によるものであるか不明なこと

4 事例の検討

甲、乙両者の暴行は、同一機会に近接して、あるいは、時間的・場所的に競合して行われた一連の行為であるとはいえない。

出題ランク	1	2	3
★★	/	/	/

24 暴 行

組立て

- 暴行
  - 暴行の概念　不法な有形力の行使
  - 暴行の種別
    - 最広義の暴行
      - 一切の不法な有形力の行使
    - 広義の暴行
      - 人に対する不法な有形力の行使とともに物に対する有形力が間接的に人に対する有形力となることも含む。
    - 狭義の暴行
      - 人に対する不法な有形力の行使のみ
    - 最狭義の暴行
      - 抵抗を抑圧する程度の強度の不法有形力の行使
  - 暴行罪
    - 意義
      - 暴行を加えて人を傷害するに至らない場合に成立する。
    - 行為（暴行）の態様
      - 有形力の行使たる暴行
      - 有形力の行使によらない暴行
  - 故意

要　点

1 暴行の概念

暴行とは、一般に有形力、すなわち物理力を不法に行使することを意味するが、刑法典においては、この暴行という言葉を暴行の向けられる対象を中心として最も広いものから最も狭いものまで4種に区別している。

2 暴行の種別

最広義の暴行	対象を定めずに不法な有形力が行使される場合であり、有形力の行使が共同社会の生活秩序を侵害すると考えられる場合である。したがって、この意味の暴行は、人に対すると物に対するとを問わず、不法な有形力の行使の一切をいう。騒乱罪（刑法106条）、内乱罪（同77条）における暴行がこれに属する。
広義の暴行	人を対象として不法な有形力が行使される場合であるが、必ずしも直接的に人の身体に加えられることは必要でない。直接には物に対するものであってもよいが、この場合は、物に対して有形力が加えられることが間接的に人に対する有形力の行使としての意味をもつことによって結局は人に対するものであることを要する。公務執行妨害罪（同95条）における暴行がこれに当たる。
狭義の暴行	最も典型的なものであり、人の身体に対する有形力の行使を意味し、物に対する場合が除外される。暴行罪(同208条)における暴行がその代表的なものである。
最狭義の暴行	人の抵抗を抑制又は困難ならしめる程度に強度な人の身体に対する有形力の行使を意味する。強盗罪（同236条）、強制性交等罪（同177条）における暴行は、いずれもこれに当たる。

3 暴行罪

意　義
暴行罪は、暴行を加えて人を傷害するに至らない場合に成立する（刑法208条）。 　相手方に肉体的苦痛を与えることを要せず、また、その性質上傷害の結果を惹起する可能性があることも必要でない。

行為（暴行）の態様	
有形力の行使たる暴行	○　殴る、蹴る、突く、押す、引くなど人の身体に対する直接的な不法な攻撃 ○　狭い室内で日本刀を振り回す行為や他人に対する投石・発砲等相手方に激しい精神的動揺を与える行為 ○　光、熱、電気、臭気、音等のエネルギーの作用、病原菌、毒物、腐敗物、麻酔薬等の化学的、生理的作用によるもの 　脅迫的言辞や罵言による精神的加虐は暴行とならない。
有形力の行使によらない暴行	○　腐った丸木橋の上を渡らせ転落させるような、いわゆる「詐称誘導」は暴行罪の間接正犯となる。 ○　つばの吐きかけ等不快嫌悪を催させる行為も暴行となる。

故　意
①　暴行罪の既遂形態としての暴行罪：暴行の故意だけで暴行 ②　傷害罪の未遂形態としての暴行罪：傷害の故意で暴行を加えたが、傷害の結果が発生しなかった場合である。

　なお、暴行については、刑法に規定する暴行のほかに「暴力行為等処罰ニ関スル法律」に特別の定めがあることに注意を要する（同法1条、1条ノ3参照）。

参考判例

「暴行罪」の要件　大判昭8.4.15

本条にいう「暴行」は、人の身体に対する不法な一切の攻撃方法を包含し、その性質上傷害の結果を惹起すべきものであることを要しない。

「暴行罪」の要件　東京高判昭25.6.10

暴行とは人に向って不法なる物理的勢力を発揮することで、その物理的力が人の身体に接触することは必要でない。例えば人に向って石を投じ又は棒を打ち下せばたとえ石や棒が相手方の身体に触れないでも暴行は成立する。群衆の中に棒を揮って飛込み暴れ廻われば人や物に当らないでも暴行というに十分である。暴行の結果石や棒が人の身体に当たりこれに傷を負わせることは暴行の観念から離れ傷害の観念に移行包摂せられるものというべきである。

「暴行」の事例　大判明45.6.20

人の毛髪や鬚髯(しゅぜん)を不法に截断、剃去する行為は、「暴行」にあたる。

「暴行」の事例　最判昭29.8.20

刑法208条にいう暴行とは人の身体に対し不法に攻撃を加えることをいうのである。従って第一審判決判示の如く被告人等が共同して被害者に対しその身辺近くにおいてブラスバンド用の大太鼓、鉦等を連打し被害者の頭脳の感覚を鈍らせ、意識を朦朧とさせる、又は脳貧血を起こして息が詰まるような程度まで達しさせたときは人の身体に対し不法な攻撃を加えたものであって暴行と解すべきであるから同旨による原判示は正当である。

「暴行」の事例　福岡高判昭46.10.11

人に対し、その頭、顔、胸および大腿部に食塩を数回ふりかけた行為が刑法208条の暴行にあたるとされた事例

「刑法第208条の暴行は、人の身体に対する不法な有形力の行使をいうものであるが、右の有形力の行使は、所論のように、必ずしもその性質上傷害の結果発生に至ることを要するもので

はなく、相手方において受忍すべきいわれのない、単に不快嫌悪の情を催させる行為といえどもこれに該当するものと解すべきである。そこで、これを本件についてみるに、被告人の前記所為がその性質上Ａ子の身体を傷害するに至ることができるものか否かの判断はしばらく措き、通常このような所為がその相手方をして不快嫌悪の情を催させるに足りるものであることは社会通念上疑問の余地がないものと認められ、かつ同女において、これを受忍すべきいわれのないことは、原判示全事実および前段認定の事実に徴して明らかである。してみれば、被告人の本件所為が右の不法な有形力の行使に該当することはいうまでもない。」

練習問題

Q

次のうち、正しいものには○、誤っているものには×を記せ。

(1) 恐喝罪における暴行は、必ずしも直接人の身体に対して加えられることを要せず、物に対する有形力の行使で間接的に人の身体に対して作用する場合も含む。

(2) 強要罪における暴行は、人をして義務のないことを行わせ、又は行うべき権利を妨害するものであるから、直接、人の身体に対して加えられる有形力の行使であることを要する。

(3) 強制性交等罪における暴行は、被害者の反抗を抑圧するに十分な程度であることを要する。

(4) 甲は、いやがらせの目的で、相手の顔に煙草の煙を吹きかけた。この行為は、暴行罪の暴行に当たる。

(5) 甲は、殴打すれば暴行罪で逮捕されると思い、嫌がらせのため、相手の耳元で太鼓を連打して意識をもうろうとさせた。甲に暴行罪が成立する。

(6) 夜間、約50メートル離れた通行人を驚かす目的で、その数歩手前を狙って投石する行為は、少なくともその石が相手の身体の一部にでも触れなければ暴行罪は成立しない。

(7) 窃盗犯人甲は、追跡して来た被害者に右腕をつかまれ、捕まりそうになったので、それを振りほどいて逃げ出した。この行為は、事後強盗罪における暴行に当たる。

(8) 甲は、乙をだまして落とし穴の上を歩かせ転落させたが、乙に負傷はなかった。甲に暴行罪が成立する。

(9) 傷害の意思をもって人体に攻撃を加えても、傷害の結果を生じないときは、傷害未遂の刑責を負う。

(10) 暴行を加える旨を告知してから殴打した場合、脅迫罪は成立せず、暴行罪だけが成立する。

解 答

- ○ (1) 広義の暴行に属する。人を対象として不法な有形力が行使される場合であるが、必ずしも直接的に人の身体に加えられることは必要でない。しかし、物に対する有形力の行使が間接的に人に対するものであることが必要である。
- × (2) 強要罪の暴行は、広義の暴行に属するので、必ずしも人の身体に対するものであることを要しない。
- × (3) 最狭義の暴行に属するが、強盗罪における程には要求されず、被害者の抗拒を著しく困難ならしめる程度のもので足りる。
- ○ (4) 煙草の煙を吹きかけ、悪臭をかがせて不快感を与える行為も狭義の暴行で、暴行罪の暴行に当たる。
- ○ (5) 音や光等のエネルギーの作用により攻撃を加えることも狭義の暴行に属し、暴行罪の暴行に当たる。
- × (6) 暴行罪における暴行は、人の身体に対し不法な有形力を行使することをいうが、不法な有形力の行使が人の身体に接触する事実は必ずしも必要でない。人の数歩手前を狙って数十メートル手前から投石する行為を暴行に当たるとした判例がある。
- × (7) 事後強盗罪における暴行は、一般社会通念上、逮捕者の逮捕遂行意思、あるいは財物取還を図る者の財物取還を遂行する意思を制圧するに足りる程度のものを要する。したがって、腕を振りほどいて逃げ出す行為は、いまだこの程度に至っていないので、事後強盗罪の暴行とはいえない。
- ○ (8) 人の錯誤・不知に乗じて不法な行為をする、いわゆる「詐称誘導」の一種で、暴行罪が成立する。
- × (9) 傷害罪には未遂の規定がない。傷害罪の未遂形態としての暴行罪が成立する。すなわち、単なる暴行罪の成立のみである。
- ○ (10) 設問のとおり。

論文対策

Q

催眠術の心得のある甲は、学校帰りの小学生Y（8歳）に、「面白いことをして遊ぼう」と話しかけ、「おじさんの言うとおりにするんだよ」と言いながら、Y少年に自己の目を凝視させながら話しかけてY少年を催眠状態にさせた。甲は、Y少年が催眠術にかかり夢遊病者のように公園内をさまよう様子を面白がり、約1時間その状態で放置した後、その催眠状態を解いた。
この場合の甲の刑責について論ぜよ。

〔答案構成〕

1 結論

甲は、暴行罪の刑責を負うものと解する。

2 暴行罪の構成要件

暴行罪は、暴行を加えて人を傷害するに至らない場合に成立する。

3 暴行罪における暴行の意義と態様

(1) 意義

暴行とは、人の身体に対して不法な有形力（物理力）の攻撃を加えることを意味する。

(2) 態様

殴る、蹴る、突くなどの人の身体に対する直接的な攻撃のほか、光、熱、電気、臭気等のエネルギー作用や病原菌、毒物、麻酔薬などによる化学的・生理的作用によるものも含む。

4 事例の検討

○ Y少年の知慮浅薄に乗じて催眠術をかけ、約1時間にわたって夢遊病者のように公園内を歩き回らせた行為は、社会通念上認容し難い自由の拘束といえるので「暴行」に当たる。

出題ランク	1	2	3
★★★	/	/	/

25 略取・誘拐・人身売買罪

組立て

略取・誘拐・人身売買罪
- 略取・誘拐の意義
  - 「略取」は、主として暴行・脅迫を手段とする。
  - 「誘拐」は、欺く行為・誘惑・甘言等を手段とする。
- 略取・誘拐・人身売買罪の態様
  - 未成年者略取及び誘拐罪
  - 営利目的等略取及び誘拐罪
  - 身の代金目的略取等罪
  - 所在国外移送目的略取及び誘拐罪
  - 人身売買罪

要 点

1 略取・誘拐の意義

略取と誘拐は、いずれも人をその保護されている生活環境から離れさせて自己又は第三者の事実的支配の下に置くことをいう。

略取	広く、被略取者等の意思に反して行われ、主として暴行・脅迫をその手段とするが、そのほか次の誘拐に当たらないもので、しかも相手方の真意に反するものを含む。
誘拐	欺く行為・誘惑・甘言(かんげん)を手段とする場合で、意思能力を有する者に対してのみ行われる。 暴行・脅迫と欺く行為・誘惑が併用されたときは、合わせて略取誘拐の一罪となる。

2 略取・誘拐・人身売買罪の態様

未成年者略取及び誘拐罪

未成年者を略取又は誘拐する罪である(刑法224条)。

未成年者	18歳未満の者をいう(民法4条)。
親告罪	被略取者等本人、その法定代理人、事実上保護者である者も告訴権を有する。

営利目的等略取及び誘拐罪

営利、わいせつ、結婚又は生命若しくは身体に対する加害の目的をもって、人を略取又は誘拐する罪である(刑法225条)。

営利の目的	略取・誘拐行為によって財産上の利益を得ることを動機とすることである。 利益の取得は、継続的反復的なものでなくてもよいし、まして、営業として利得することを要しない。
営利	債務弁済、醜業(しゅうぎょう)従事、引渡し報酬等も含む。
わいせつの目的	広く性的欲望を満足させる目的をいう。

結婚の目的	行為者又は第三者と結婚させる目的をいう。結婚は、法律上の婚姻に限らず、内縁関係も含む。

身の代金目的略取等罪

身の代金目的略取等罪	近親その他被拐取者の安否を憂慮する者の憂慮に乗じてその財物を交付させる目的をもって、人を略取又は誘拐する罪である（同225条の2第1項）。
略取者等身の代金要求罪	人を略取又は誘拐した者が、近親その他の安否を憂慮する者の憂慮に乗じてその財物を交付せしめ、又はこれを要求する行為をなす罪である（同条2項）。

> **わな** 要求罪には、未遂処罰の規定はない、要求すれば、即既遂となるからである。

安否を憂慮する者	親子・兄弟姉妹はもとより、雇主と傭人、寮母と収容児等の関係の者も含まれる。
身の代金	被略取者等の釈放又は返還することの対価をいう。

所在国外移送目的略取及び誘拐・人身売買罪

所在国外移送目的略取及び誘拐罪	所在国外に移送する目的をもって人を略取又は誘拐する罪である（同226条）。
人身売買罪	人を買い受ける罪、未成年者を買い受ける罪、営利、わいせつ、結婚又は生命若しくは身体に対する加害の目的で人を買い受ける罪、人を売り渡す罪、所在国外に移送する目的で人を売買する罪である（同226条の2第1項～第5項）。

練習問題

Q

次のうち、正しいものには○、誤っているものには×を記せ。

(1) Aは、15歳のY女に「喫茶店で働けるように世話しよう」と連れ出し、劇団主ZにYをストリッパーとして引き渡して、その謝礼として10万円をもらった。Aに営利目的誘拐罪が成立する。

(2) 甲は乙を困らせるため、公園で遊んでいた乙の3歳の男児丙を自宅に連れ去り、1晩泊めた翌朝乙宅前に届けた。この場合、甲に未成年者誘拐罪は成立しない。

(3) Aは、16歳のY女を甘言をもって誘拐し、父親に身の代金を要求する手紙を書いたが、郵送途中で紛失し配達されなかった。Aに身の代金要求罪の未遂が成立する。

(4) 海外旅行中の日本人甲は、フランス国内において、日本から留学中の乙を日本に移送する目的で誘拐した。この場合、甲に所在国外移送目的誘拐罪が成立する。

(5) 略取・誘拐罪には、予備行為を処罰する規定はない。

(6) 被略取者等を安全な場所に解放した場合に、必ずその刑が減軽される場合がある。

(7) 身の代金入手逃走後に被略取者等を解放しても刑が減軽される。

(8) 略取・誘拐罪を犯した者を幇助した者や、被略取者等を引き渡した場合も処罰される。

(9) 未成年者Bが別荘で滞在中、Aが暴行を加えて両親を追い出してBを監禁した。Aに未成年者略取罪が成立する。

(10) Aは、Bを誘拐した後、身の代金要求の企図が生じ、事件を報道している新聞社社長に身の代金を要求した。略取者等身の代金要求罪は成立しない。

解　答

○ (1)　Yをうそで連れ出しZに引き渡した行為は誘拐に当たり、報酬として財産上の利益を受けることを目的になされているから営利目的誘拐罪が成立する。この場合、未成年者誘拐罪は営利目的誘拐罪に吸収される。

× (2)　乙を一時的に困惑させるためであっても、丙を自己の事実的支配下におく犯意だけで十分であり、その時間的長短を問わないから、本罪が成立する。

× (3)　本罪には未遂処罰の規定がない。身の代金を要求する犯人の意思が何らかの理由で相手方たる近親者等に到達しなかった場合でも本罪が成立する。

○ (4)　本罪は、「所在国外に移送する」目的でなされたことを要するので、甲に本罪は成立する。

× (5)　身の代金目的略取・誘拐罪（刑法225条の2第1項）に限り、その予備も罰せられる（刑法228条の3）。

○ (6)　身の代金目的略取等罪（刑法225条の2）、身の代金目的略取幇助（同227条2項）、身の代金目的被略取者等収受・要求（同条4項）の場合に、公訴の提起前に被略取者等を安全な場所に解放したときは必ずその刑が減軽される（同228条の2）。

○ (7)　公訴提起前ならば解放減軽の規定の適用がある。

○ (8)　刑法227条

× (9)　略取等罪の成立には、被略取者等を自己の実力的支配下に置くだけでなく、場所的移転も必要である。

○ (10)　新聞社社長は、「近親その他略取され又は誘拐された者の安否を憂慮する者」には当たらないので、本罪は成立しない。

25　略取・誘拐・人身売買罪

論文対策

Q

甲は、身の代金を出させる目的でAの7歳の男児Yを甘言を用いて連れ出し、情を打ち明けて知人の乙にYを預け、Aに電話で1,000万円を要求したが目的を達せないでいた。一方、Yを預かっていた乙は、金銭に窮していたため、Yを利用して身の代金を得ようと考え、甲に無断でAに電話をかけ100万円を要求した。指定した場所でAから100万円を受け取ったところで、乙は逮捕されYは無事に保護された。

この場合、甲と乙は、それぞれどのような刑責を負うか。

〔答案構成〕

1 結 論

甲は、身の代金目的誘拐罪・要求罪(刑法225条の2第1項・第2項、両者は牽連犯)の刑責を負い、乙は、身の代金目的被略取者等収受罪(同227条2項)及び収受者身の代金要求罪(同227条4項後段)の刑責を負う。

2 甲の刑責

(1) 身の代金目的でYを誘拐した行為
　　刑法225条の2第1項
(2) 身の代金を要求した行為
　　刑法225条の2第2項

3 乙の刑責

(1) 甲からYを預かった行為
　　刑法227条2項
(2) Yを利用して身の代金を要求した行為
　　自らがYの返還の代償として身の代金をAから交付させたのであるから、刑法227条4項に該当する。

26 窃盗罪

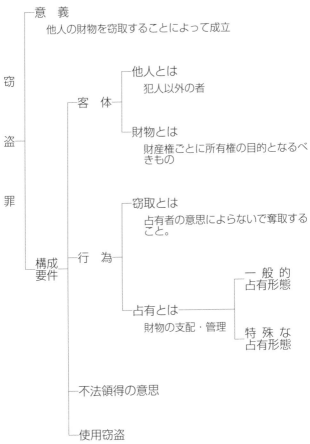

組立て

窃盗罪
- 意義
  - 他人の財物を窃取することによって成立
- 構成要件
  - 客体
    - 他人とは
      - 犯人以外の者
    - 財物とは
      - 財産権ごとに所有権の目的となるべきもの
  - 行為
    - 窃取とは
      - 占有者の意思によらないで奪取すること。
    - 占有とは
      - 財物の支配・管理
        - 一般的占有形態
        - 特殊な占有形態
  - 不法領得の意思
  - 使用窃盗

 要　点

1　意　義

窃盗罪は、他人の財物を窃取することによって成立する（刑法235条）。

2　構成要件

客　体
他人の財物である。

他人とは	犯人以外の者を指す。国、地方公共団体、法人等が占有する物も「他人の物」に当たる。犯人自身の物であっても、他人の占有に属し、又は公務所の命によって他人の支配下にある物は「他人の物」とみなされる（同242条）。
財物とは	財産権ことに所有権の目的となるべきものをいい、一般に、客観的な経済価値、すなわち、金銭的交換価値をもつのが普通であるが、しかし、たとえ金銭的交換価値がなくても、所有者にとって特別の効用がある、いわゆる主観的使用価値があるものも財物である。 わな　恋人の写真、手紙も客観的には無価値でも、やはり財物となり得る。 また、その物は固体・液体・気体のような有体物に限るとする有体性説と無体物でも物理的に管理可能なものは一切財物であるとする管理可能性説とがあるが、後者が通説である。 なお、物の所持という事実上の状態それ自体が保護法益であるから禁制品も財物である。

行　為
窃取である。

| 窃取とは | 他人の占有している財物をその占有者の意思によらないで奪取すること、すなわち他人の占有を侵害し、事実上自己又は第三者の占有に移すことをいう。窃取行為は、ひそ |

		かに行うか他人の面前で公然と行うかを問わない。
占有とは		「管理」「所持」という言葉でも表現されるが、支配意思をもって財物を事実上支配し、管理することをいう。
	一般的な占有形態	ア　現実的に握持・監視するもの イ　自己が排他的に管理・支配する場所内のもの ウ　自宅以外で自己の支配力が及ぶと認められる場所内のもの エ　犯人以外の第三者が排他的に管理・支配する場所内のもの オ　飼主の下へ帰る習性をもつ禽獣
	特殊な占有形態	ア　共同占有：数人が相互平等の関係で財物を占有する場合をいう。 わな　共同占有者の1名が他の者の占有を侵害すれば、窃盗罪が成立する。 イ　上下・主従間の占有：下位者が上位者の命令・指揮監督の下に従属的地位における機械的補助者として現実に握持又は監視するに過ぎないときは、上位者のみが刑法上の占有者とされる。 例　店主と店員。 ウ　委託された包装物の占有～判例は、包装物全体の占有と在中物の占有とを区別し、包装物全体については受託者、在中物については委託者に占有があるとしている。 エ　死者の占有：原則として占有はない。しかし、犯人が被害者を殺害後、同被害者の財物を奪取した場合などには、道義的理念と正義感情から被害者の占有を肯定している。

3 不法領得の意思

財産罪における領得罪、すなわち、窃盗罪、強盗罪、詐欺罪、横領罪等が成立するためには、構成要件事実の認識という故意のほかに、主観的要素として「不法領得の意思」があることを要するとするのが、通説・判例である。

不法領得の意思とは

権利者を排除し、他人の物を自己の所有物と同様に、その経済的用法に従い、これを利用し又は処分する意思をいう（最判昭26.7.13）。

例 他人の自転車・自動車等を無断で使用した後、乗り捨てる行為

単に他人の業務を妨害する目的で、書類を隠匿する行為は、不法領得の意思を欠くので、器物損壊あるいは文書毀棄に該当しても、窃盗罪とはならない。

例 窃盗罪の成立が否定された事例
- 競売妨害の目的で裁判所から競売記録を持ち出して隠匿する行為（大判昭9.12.22）
- 校長を困惑させる目的で教育勅語を隠匿した行為（大判大4.5.21）

4 使用窃盗

不法領得の意思がないので、窃盗罪は構成しない。

使用窃盗とは

後に原状のままで返還する意思で他人の財物を自己の所持に移して、一時これを使用するという占有の侵奪形態である。

例 他人の自転車を無断で一時使用して、元の場所に返還しておく行為

ただし、一時使用の意思であっても、対象が、自動車のように、価値が高く、短時間でも移動距離が大きく、物に生じる危険も大きいものについては、これを無断使用すること自体が、権利者排除意思の存在を前提としているとみることができる。

参考判例

「不法領得の意思」の意義　大判大4.5.21
領得の意思とは、権利者を排除して他人の物を自己の所有物として、その経済的用方に従い、利用、処分する意思をいい単に物を毀棄または隠匿する意思で、他人の物を奪取する行為は、不法領得の意思を欠き、窃盗罪にあたらない。
「不法領得の意思」を欠く場合　仙台高判昭46.6.21
仕返しのため、海中に投棄する目的で、被害者宅から動力のこぎり1台を持ち出し、これを数百メートル離れた海中に投棄した場合は、不法領得の意思を欠き、窃盗罪とはならない。
「不法領得の意思」を肯定した場合　最判昭26.7.13
刑法上窃盗罪の成立に必要な不正領得の意思とは、権利者を排除し他人の物を自己の所有物と同様にその経済的用法に従いこれを利用し又は処分する意思をいうのであつて、永久的にその物の経済的利益を保持する意思であることを必要としないのであるから、被告人等が対岸に該船を乗り捨てる意思で前記肥料船に対するＡの所持を奪つた以上、一時的にも該船の権利者を排除し終局的に自ら該船に対する完全な支配を取得して所有者と同様の実を挙げる意思即ち右にいわゆる不正領得の意思がなかつたという訳にはゆかない。

練習問題

Q

次のうち、正しいものには○、誤っているものには×を記せ。

(1) 前日に行われた競馬の外れ馬券は、一般には財物と認められない。
(2) 一般に所持が禁止されている塩酸ジアセチルモルヒネを不法に所持している場合は、法の保護を受ける利益がないので、財産罪の客体たる財物とはいえない。
(3) 消印のある収入印紙も財物である。
(4) 財物は、経済的価値を有することはもちろん、金銭的価値を有することが必要である。したがって、支払呈示期間を過ぎた小切手は、いかなる場合も財物とはならない。

(5) 窃盗罪の客体はあくまでも他人の所有物であるので、いかなる場合も自己の所有物はその客体とならない。

(6) 窃盗罪には過失による処罰規定はないから、他人の財物を自分の物と思い違いをして利用したり処分したとしても窃盗罪にはならない。
(7) 他人の自動車を無断で乗り回し、遠隔の地に乗り捨てる行為は、窃盗罪となる。
(8) 甲は、差押物件である自動車の譲渡を受けたが、現実の保管者がいない状況であるため、当該物件が盗まれないように自宅に運転して持ち帰った。甲に窃盗罪は成立しない。
(9) 甲は、使用した後に返還するつもりで知人の自動車を無断で車庫から出し、ガールフレンドと一緒に2日間のドライブ旅行を行った。甲に窃盗罪は成立しない。
(10) Aは、小学校の教室に無断で入り椅子用の座ぶとん20枚を集めて同校の体育館に持ち出し、同所で寝具に使用した後、これを天井裏に投げ上げておいた。Aに窃盗罪が成立する。

解　答

- ○ (1) 金銭的交換価値は零であり、何らの価値もないのが普通であるから、財物と認め難い。
- × (2) 法令上所持が禁止されている場合でも、現実にこれを所持しているという事実上の状態それ自体が独立の法益であるので、禁制品も財物とされる。
- ○ (3) 設問のとおり（大判明44.8.15）。
- × (4) 財物は経済的価値すなわち金銭的な交換価値を有するのが通常であるが、これに限られない。支払呈示期間を経過した小切手であっても、債権債務の立証等に必要な限度で効用があれば財物と認められる。
- × (5) 自己の財物であっても、他人が占有し、又は公務所の命令により他人が看守するものは、他人の財物とみなされる（刑法242条）。
- ○ (6) 民事上の責任はともかく、窃盗罪は成立しない。
- ○ (7) 自動車を乗り捨てる行為は、正に所有者としての行為といえるから窃盗罪が成立する。
- ○ (8) 不法領得の意思が認められないので、窃盗罪は成立しない。
- × (9) 2日間も使用して所有者の占有を侵害したのであるから、それはもはや単なる一時使用の目的といえず、単なる使用窃盗ではなく窃盗罪が成立する。
- ○ (10) 権利者を排除し、他人の物を自己の所有物と同様に利用・処分したと認められ、窃盗罪が成立する。

論文対策

Q

通行中の路上で現金10万円入りの財布を拾ったＹは、最寄りのＡ警察署のＢ交番に届け出たが、先刻までいた警察官が不在だったので、「この財布を拾いましたのでお届けします」と記載したメモを添えて当該財布を同交番の机上に置いて立ち去った。数分後に、地理案内を受けるために同交番に立ち寄った甲は、そのメモを見て、「しめた」と思いメモとともに財布を持ち去った。

この場合、甲は、どのような刑責を負うか。

〔答案構成〕

1 結 論
甲は、窃盗罪の刑責を負う。

2 問題の所在
当該財布の占有の帰属いかんによって甲の刑責が異なる。

3 刑法上の占有
占有とは、「管理」「所持」という言葉でも表現されるが、支配意思をもって財物を事実上支配し、管理することをいう。
○ 犯人以外の第三者が排他的に管理・支配する場所内のものには、管理・支配者の占有が認められる。

4 事例の検討
(1) 交番内の支配・管理状況

勤務員が一時的に他出していて無人状態にあったとしても、管理者であるＡ警察署長が排他的に管理・支配している場所である。

(2) 占有意思

概括的支配意思があれば、個々具体的な認識を要しない。

27 窃盗罪の着手時期等

窃盗罪の着手時期
- 実行の着手時期
- 窃盗罪の着手時期
  - 住居侵入窃盗の着手時期
  - 倉庫などの物品に対する着手時期
  - 「すり」の着手時期
- 窃盗罪の既遂時期
- 他罪との関係
  - 窃盗罪と毀棄・隠匿罪との区別
  - 窃盗罪と横領罪との区別
- 親族間の犯罪に関する特例

要 点

1 実行の着手時期

実行の着手時期については，必ずしも構成要件に該当する行為の一部が行われたことを必要とせず、それに密接した行為が行われたことをもって足りるとするのが、判例のほぼ一貫した見解である。

2 窃盗罪の着手時期

窃盗罪の着手時期は、窃取行為、すなわち占有侵害行為の開始の時点である。

いつ占有侵害行為が開始されたかは、具体的な行為態様の類型に応じて異なる。

住居侵入窃盗の着手時期	住居侵入窃盗の場合、住居侵入の段階では、まだ窃盗の着手があったとはされず、窃盗の目的で他人の住居に侵入し、財物に対する事実上の支配を侵すについて密接な行為をした場合に、窃盗の着手があったとされる。例えば、金品物色のため、たんすに近寄ったときに窃盗に着手したものとされる（大判昭9.10.19）。 これは、現実に物色を行ったことを必要とせず、物色を行おうとする徴候が客観的に明白になったときに着手があるとするものである。
倉庫などの物品に対する着手時期	住居侵入窃盗の場合は、他人の住居に侵入しようとした段階では、窃盗の着手があったものとはいえないが、倉庫などの物品を窃取しようと思って、倉庫に侵入したときは、窃盗の着手があったものとされる（名古屋高判昭25.11.14）。 これは、住居の場合、住居侵入の段階では、窃盗するのか、暴行するのか、姦淫するのかは、客観的には判明しないが、倉庫などの場合には、窃取すべき財物のみがあって、人が住んでいないのが通常であるから、これらに侵入しようとした場合には，窃盗の着手があったものとされる。

> 「すり」の着手時期について、判例は、「被害者のズボンのポケットから現金をすり取ろうとして、ポケットに手をさしのべ、その外側に触れた以上、窃盗の実行に着手したものと解すべきである。」(最決昭29.5.6) と判示している。

「すり」の着手時期

3 窃盗罪の既遂時期

窃盗罪の既遂時期は、占有を設定、取得したときである(取得説)。単に目的物に手を触れただけ(接触説)では足りないが、これを安全な場所に持ち去り(移転説)、又はこれを隠匿して自由に処分できる状態にすること(隠匿説)まで要しない。

容易に持ち出せる物かどうかも、考えなくてはならない。

4 他罪との関係

窃盗罪と毀棄・隠匿罪との区別	占有を侵害したうえで毀棄するのは窃盗罪、占有を侵害しないで毀棄するのが毀棄・隠匿罪
窃盗罪と横領罪との区別	不法に領得した物が「他人の占有する」他人の物であるときは窃盗罪、「自己の占有する」他人の物であるときは横領罪

5 親族間の犯罪に関する特例

窃盗罪には、親族間の犯罪に関する特例が適用される(刑法244条)。犯人と被害者との間に、直系血族、配偶者、同居の親族という関係のあるときには、刑が免除され、その他の親族の場合には親告罪となる。

 **練習問題**

Q

次のうち、正しいものには○、誤っているものには×を記せ。

(1) 他店のパチンコ玉をバッグに忍ばせて入店し、同パチンコ玉を使用して遊戯し、出玉を受け皿に排出させた場合には、窃盗罪が成立する。

(2) コンビニエンスストアのアルバイト店員が1人で勤務中、レジを不正に操作して客から受領した売上金をレジに納めずに領得した場合には、窃盗罪が成立する。

(3) ホテルの宿泊客が、不法領得の意思を秘してホテルから借り受けた宿泊客貸出し用パソコンを持ち逃げした場合には、窃盗罪が成立する。

(4) 甲は、隣に乗り合わせた客がズボンのポケットに現金を納めるのを見て、これをすり取ろうとそのポケットの外側に手を触れた。窃盗罪（未遂）は成立しない。

(5) 甲は、パチンコ店で、掌の中の磁石を使用して外れ玉を当たり穴に誘導し、パチンコ玉15個を取得した。甲に窃盗罪が成立する。

(6) Aは、Y方玄関先に錠をして置いてあったYの自転車を盗むため、錠をはずしてハンドルを持ち、方向転換した時にYに発見されて捕まった。窃盗の既遂である。

(7) Aは、スーパーマーケットで品物を盗もうと思い、棚から品物を取り籠に入れてレジのところで店員のすきをみて逃走したが捕まった。窃盗の既遂である。

(8) 犯人甲と乙が共謀のうえ、甲の父の財物を窃取した場合には、乙だけが窃盗罪で処断される。

解　答

- ○ (1) 窃盗罪の既遂時期については、通説・判例は、犯人が財物に対する他人の占有を排除して自己又は第三者の占有に移した時点とする取得説を採っている。
- ○ (2) 雇用契約等に基づいて上下・主従関係にある者の間で事実上財物を共同支配している場合、刑法上の占有は、一般に上位の者にあり、現実に財物を把持している下位の者は占有補助者にすぎないものと解されている。
- × (3) 通常、貸出し用パソコンは、ホテルのフロントで人を介して借り受けるので、その時に、不法領得の意思を秘して借り受ける行為は、窃盗ではなく詐欺にあたる。
- × (4) ポケットに財布が入っているか否か単に確かめるためにポケットの外側に触れる、いわゆる「あたり行為」は窃盗の準備的行為で窃盗未遂にもならないが、すり取る意思でポケットの外側に手を触れた場合は、窃盗の実行行為の着手となり窃盗未遂が成立する。
- ○ (5) 相手が機械であり、店主を欺く行為とそれに基づく任意交付がないので詐欺罪は成立しない。不正手段で勝玉を取得するのは、店主の占有を排除し、不正に自己の支配下に移すものであり、勝玉を景品と交換するか、再び使用するかは取得者自ら所有者としてふるまうことになるから、窃盗罪が成立する。
- ○ (6) 錠をはずしハンドルを握った時点で、所有者の占有を排除して自己の占有に移り、既遂となる。
- × (7) スーパーマーケットの構造上、既遂時期は、レジでのチェックを排除した時点となるので、窃盗未遂となる。
  （ただし、比較的小さいものなどを、レジを通る前に、懐に入れてしまえば、その時点で既遂となることもある。）
- ○ (8) 甲には親族間の犯罪に関する特例（刑法244条1項）が適用されるが、乙にはその適用がない（同条2項）ので、乙は窃盗罪で処断されることになる。

論文対策

Q

甲は、車上狙いの目的で駐車車両の車内をのぞき回っていたところ、Y所有の車の中にハンドバッグが置かれているのを見つけたので、これを窃取しようと、所携のドライバーで該車両の窓をこじ開けて手を差し入れ、ドアを開けようとしていたところをYに発見されて逮捕された。

この場合、甲はいかなる刑責を負うことになるか。

〔答案構成〕

1 結 論

甲は、窃盗未遂罪の刑責を負う。

2 窃盗罪の構成要件

窃盗罪は、他人の財物を窃取することによって成立する(刑法235条)。

3 実行行為の概念

犯罪構成要件に属する行為に着手すること、あるいは、これに直接密接する行為を行うことである。

4 窃盗の着手時期

金品の物色行為が開始されたときである。

5 窃盗の既遂時期

占有を設定、取得したときである。

6 事例の検討

(1) 車両内に人が不在の場合には、内部には財物のみが存在することになる。人の不在を承知で窓やドアを開けようとする行為は、倉庫・土蔵の扉を開ける行為と同様である。

(2) 甲が窓をこじ開けた段階で窃盗の着手があった。

(3) 未だ財物の占有を取得していないから未遂である。

出題ランク	1	2	3
★★★	/	/	/

28 強盗罪

組立て

```
          ┌ 意 義
          │   暴行・脅迫をもって他人の財物を強取すること。
          │
          │                    ┌ 客 体 ┬ 他人の財物
          │                    │      └ 財産上不法の利益
          ├ 構成要件 ┤
          │                    │      ┌ 暴行・脅迫
          │                    └ 行 為 ┼ 強 取
          │                           └ 財産上不法の利益の取得
          │
          ├ 着手・既遂時期
  強      │
          │                          ┌ 主体・窃盗犯人
  盗      ├ 事後強盗（準強盗）罪 ┤
          │                          └ 行為・暴行・脅迫
  罪      │
          ├ 昏酔強盗
          │
          ├ 強盗致死傷・強盗殺人罪
          │
          ├ 強盗・強制性交等及び同致死罪
          │
          ├ 未遂罪
          │   強盗、事後強盗、昏酔強盗、強盗致死・同殺人、強盗・
          │   強制性交等及び同致死には未遂処罰あり。
          │
          └ 強盗罪と恐喝罪の区別
```

28 強盗罪 193

要　点

1 意　義
強盗罪は、
① 暴行・脅迫をもって他人の財物を強取すること（1項強盗）
② 暴行・脅迫をもって財産上不法の利益を得、若しくは他人にこれを得させること（2項強盗）
によって成立する（刑法236条）。

本罪は、財物等の財産権を侵害する犯罪であるが、一面では人の生命、身体、又は生活の平穏等の人格的利益を侵害する性質をも有している。

2 構成要件

客　体	
他人の占有する他人の財物及び財産上の利益である。	
他人の財物とは	自己の財物でも他人の占有に属し、又は公務所の命令によって他人が看守しているもの（刑法242条）。
財産上不法の利益とは	財物以外の財産的利益を意味する。例えば、労務の提供をさせたり、債務免除の意思表示をさせることなどもこれに当たり、また、一時的利益であろうと、積極的利益であろうと、消極的利益であろうとを問わない。

行　為	
暴行又は脅迫を手段として他人の財物を強取し、又は財産上不法の利益を得若しくは第三者に得させること。	
暴行・脅	「暴行」とは、人に向けられた有形力の行使であり、「脅迫」とは、人に恐怖心を生じさせる目的で害悪を告知することである。これらは財物強取等の手段として用いられるものであるから、いずれも被害者の反抗を抑圧するに足りる程度のものであることを要し、いわゆる最狭義の暴行・脅迫を意味する。したがって、財物奪取の手段に用いられた暴行・脅迫であっても、その程度が被害者

迫とは	の反抗を抑圧する程度に至らず、被害者の任意の交付によって財物を取得する程度にとどまるときは、恐喝罪が成立する。判断基準は、被害者の主観だけでなく、行為時の具体的状況（犯行の時刻、場所、加害者との関係、凶器の有無等）を客観的に判断すること。 なお、暴行・脅迫は、必ずしも直接財物の所有者・占有者に対して加えられることを必要としない。
「強取」とは （一項強盗）	「強取」とは、暴行・脅迫により、相手方の反抗を抑圧して財物を自己又は第三者の占有に移すことをいう。通常は、犯人が被害者自身から直接財物を奪取することが多いが、それに限らず、反抗を抑圧された被害者から交付を受けても、あるいは、被害者が知らない間に目的物を奪った場合であっても強取といえる。
財産上不法の利益の取得とは （二項強盗）	「財産上不法の利益の取得」とは、不法に財産上の利益を得るということであって、財産上の利益自体が不法なものであるという意味ではない。 不法利得に際し、暴行・脅迫と財産上の不法利得の間の因果関係が必要であるのみで、必ずしも被害者に意思表示や処分行為をさせることを必要としない。

```
                                    ┌─ 財物奪取
                                    │  （1項強盗）
暴行・脅迫 ─── 被害者の反抗の抑圧 ──┤
                                    └─ 財産上の利益の取得
                                       （2項強盗）
```

3 着手・既遂時期

着手時期

強盗の着手は、財物を強取する目的、又は財産上不法の利益を取得する目的で、被害者の反抗を抑圧するに足りる程度の暴行・脅迫を開始したとき。

既遂時期

1項強盗 (強取)	犯人が被害者の占有を排除し、犯人又は第三者が財物の占有を取得したとき。
2項強盗 (不法利得)	暴行・脅迫を手段として財産上不法の利益を得たと認められる状態が生じたとき。

4 事後強盗 (準強盗) 罪 (同238条)

事後強盗罪は、窃盗犯人が、財物を得た後に、それを取り返されるのを防ぎ、又は逮捕を免れ、もしくは罪跡を隠滅するため暴行・脅迫を加えることによって成立する (同238条)。

主 体

窃盗犯人である。窃盗の犯意で窃盗の実行に着手した者をいう。窃盗の既遂・未遂を問わない。

行 為

暴行・脅迫	○ 相手方の反抗を抑圧するに足りる程度のものであること。 ○ 本罪は目的犯である。「取り返されることを防ぐ」「逮捕を免れる」「罪跡の隠滅」という目的が必要である。 ○ 窃盗の現場と場所的・時間的な接着性を必要とする。

5 昏酔強盗罪 (同239条)

昏酔強盗は、人を昏酔せしめてその財物を盗取することによって成立する。

昏酔とは	財物盗取の手段として、暴行以外の方法により、人の意識作用に一時的又は継続的な障害を生ぜしめることをいう。

6　強盗致死傷・強盗殺人罪（同240条）

　強盗犯人が人を負傷させたときに強盗致傷罪が、その結果、「人を死亡させた」ときに強盗致死罪が成立する。

　殺意をもって「死亡させた」ときは強盗殺人罪が成立する。

7　強盗・強制性交等及び同致死罪（同241条）

　強盗犯人が強制性交等の行為を行ったとき、又は強制性交等犯人が強盗の罪を行ったときに成立し、死亡させた場合には強盗・強制性交等致死罪が成立する。

　また、強盗の罪には、強盗罪（刑法236条）、事後強盗罪（同238条）、昏酔強盗罪（同239条）が含まれる。

8　未遂罪（同243条）

　刑法235条～236条・238条～240条・241条3項の罪については、未遂も処罰される。

　強盗未遂は、財物奪取の未遂の場合と反抗を抑圧されなかった場合とがある。事後強盗未遂は、窃盗が未遂であった場合である。

9　強盗罪と恐喝罪の区別

　暴行・脅迫が「反抗を抑圧」する程度であったか否かによる。

参考判例

「強盗罪」の成立要件　最判昭23.11.18
強盗罪の成立には被告人が社会通念上被害者の反抗を抑圧するに足る暴行又は脅迫を加え、それに因つて被害者から財物を強取した事実が存すれば足りるのであつて、所論のごとく被害者が被告人の暴行脅迫に因つてその精神及び身体の自由を完全に制圧されることを必要としない。

「強盗罪」の成立要件　最判昭24.2.8
他人に暴行又は脅迫を加えて財物を奪取した場合に、それが恐喝罪となるか強盗罪となるかは、その暴行又は脅迫が、社会通念上一般に被害者の反抗を抑圧するに足る程度のものである

かどうかと云う客観的基準によつて決せられるのであつて、具体的事案の被害者の主観を基準としてその被害者の反抗を抑圧する程度であつたかどうかと云うことによつて決せられるものではない。

「強盗罪」の成立要件　東京高判昭48.3.26

当初は、財物奪取の意思がなく暴行を加えた後に至つて奪取の意思を生じ財物を取得した場合においては、被害者の抵抗できない状態にあるのに乗じただけでは足りず、犯人がその意思を生じた後に被害者の抵抗を不能にさせる暴行ないし脅迫に値する行為が存在してはじめて本条の罪の成立があるものと解すべきである。

「事後強盗」の成立要件　最判昭22.11.29

本罪は、窃盗が財物の取還を防ぎまたは逮捕を免れもしくは罪跡を隠滅するため暴行または脅迫を加えた以上成立し、被害者が財物を取還しようとし、または加害者を逮捕しようとする行為をしたかどうかを問わない。

「事後強盗」の成立要件　福岡高判昭29.5.29

本罪における暴行または脅迫は、窃盗の現場またはその機会の継続中においてなされることを必要とする。

「昏酔強盗罪」の成立要件　東京高判昭49.5.10

本条にいう「昏酔せしめ」とは、薬や酒を用いるなどして被害者の意識作用に一時的または継続的障害を生ぜしめて、物に対する有効な支配を及ぼしえない状態に陥らせることをいい、必ずしも意識を喪失させることを要しない。

「強盗傷人罪」の事例　最判昭33.4.17

「お前は高利貸をしているそうだが、これだぞ」と申し向け、或いは「これでもか、これでもか」といいながら、２、３回同人の頸や顎のあたりにナイフを突き出して脅迫し、その反抗を抑圧して金員を強奪しようとしたが、同人の抵抗にあいその目的を遂げることができなかつた。しかし、右２、３回突き出したナイフの刃が同人の頸及び顎に触れてかすつたため右各部位にそれぞれ長さ約６糎の擦過傷を負わせた。この被告人が被害者に向つてナイフを突き出す所為はそれ自体人の身体に対する

不法な有形力を行使したものとして暴行を加えたものというべく、従つて右暴行により傷害の結果を生ぜしめた所為につき刑法240条を適用した原判決は正当である。

「強盗殺人罪」の事例　最判昭24.5.28

　刑法第240条後段の強盗殺人罪は強盗犯人が強盗をなす機会において他人を殺害することによって成立する罪である。原判決の摘示した事実によれば、家人が騒ぎ立てたため他の共犯者が逃走したので被告人も逃走しようとしたところ同家表入口附近で被告人に追跡して来た被害者両名の下腹部を日本刀で突刺し死に至らしめたというのである。即ち殺害の場所は同家表入口附近といつて屋内か屋外か判文上明でないが、強盗行為が終了して別の機会に被害者両名を殺害したものではなく、本件強盗の機会に殺害したことは明である。然らば原判決が刑法第240条に問擬したのは正当である。

「強盗強姦罪」の成立要件　東京高判昭32.5.31

　強盗強姦罪は、強盗犯人が強盗の機会に婦女を強姦したときに成立するものであり、その強姦行為が、犯人により強盗の目的に出ている暴行・脅迫の意思を表明するなんらか具体的行動の開始された後のものならば、強盗の機会における強姦といえる。

練習問題

Q

次のうち、正しいものには○、誤っているものには×を記せ。

(1) 強盗の目的で出刃包丁を買い、これを携えて侵入する家屋を物色していた場合は、強盗予備罪が成立する。

(2) 自己の着用しているネクタイで運転手の首を絞め、タクシーの売上金を強奪しようと考えた甲は、流しのタクシーを待っていた。甲に強盗予備罪が成立する。

(3) 甲は、窃盗の目的で乙の居室に忍び込み、金品物色中、目をさました乙に誰何されたので、やむなく暴行を加えて金品を奪取した。甲に事後強盗罪が成立する。

(4) 甲は、窃盗の目的で乙の住居に侵入しようとしたが、乙に発見され、逮捕を免れるために暴行を加えた。事後強盗未遂罪が成立する。

(5) Aは、Y宅に侵入し財物を窃取した後、これを所持して徘徊中、たまたま通りかかったYが自己の財物を認めて取り戻そうとしたので、これを防ぐため暴行を加えた。事後強盗罪とならない。

(6) Aは、夜道でBを短刀で脅迫して金銭を強奪しようとした。Bは、それほど怖くはなかったが、面倒だと思い、Aに金銭を提供した。Aに強盗既遂罪が成立する。

(7) 強制性交等の犯人がその者の畏怖した状態に乗じて財物奪取の意思を生じ、所持金品を強取した場合には、強盗・強制性交等の罪は成立しない。

解　答

- ○ (1) 強盗（刑法236条）の目的をもってその予備をした場合は、強盗予備罪として処罰される（同237条）。設問の場合、物的準備（出刃包丁の購入）と徘徊物色行為があるので本罪が成立する。
- × (2) 本罪の成立には、強盗罪実行の意思とその意思が客観的に認識できる客観的事実が必要で、設問の場合、強盗意思を客観的に認識するには不十分である。
- × (3) 居直り強盗は刑法236条の強盗そのもので事後強盗ではない。事後強盗は目的犯であるので、「取り返されることを防ぐ」等の目的を要する。
- × (4) 事後強盗罪の主体は、窃盗犯人である。窃盗の着手に至っていない予備段階であるから本罪は成立しない。
- ○ (5) 時間的、場所的に近接性はなく、また、被害者の態度から考えても「窃盗の機会」とはいえない。
- ○ (6) Aの行為は、社会通念上、相手方の反抗を抑圧するに足りる程度のものであると認められる。この場合、反抗を抑圧されない程度の恐怖心から財物を交付したものであっても、強盗罪の既遂とされる。
- × (7) 強盗罪（未遂を含む。）を犯した者が強制性交等の罪（未遂を含む。）を犯した場合、又は強制性交等の罪（未遂を含む。）を犯した者が強盗罪（未遂を含む。）を犯した場合に、強盗・強制性交等の罪が成立する。

論文対策

Q

地上げ屋の甲と乙は、売却・明渡しに応じない丙のマンション居室に上がり込み、いきなり丙を殴打して反抗を抑圧し、「出ていけ、帰って来やがるとただではおかないぞ」と脅迫の上、家財道具を外に運び出した。丙が恐怖のあまり逃げ出したところ、甲らはそのまま2か月間も居座っていた。

この場合、甲と乙は、どのような刑責を負うか。

〔答案構成〕

1 結 論

甲と乙は、刑法236条2項の強盗罪の刑責を負う。

2 成立が予想される犯罪
 ① 不動産侵奪罪（刑法235条の2）
 ② 1項強盗罪（同236条1項）
 ③ 2項強盗罪（同236条2項）

3 **不動産侵奪罪の成否**
 (1) 構成要件
 (2) 事例の検討
   甲・乙の暴行・脅迫が評価されないので不適当

4 **1項強盗罪の成否**
 (1) 構成要件
 (2) 事例の検討
   不動産は、本罪の客体とならない。

5 **2項強盗の成否**
 (1) 構成要件
 (2) 事例の検討
   暴行等により不動産占拠という財産上の利益を得ている。

29 詐欺罪

組立て

詐欺罪
- 意義
  - 1項詐欺～人を欺いて財物を交付させること。
  - 2項詐欺～人を欺いて財産上不法の利益を得ること。
- 構成要件
  - 客体
  - 行為
    - 欺くこと。
    - 交付させること。
    - 不法の利益を得ること。
  - 不法領得の意思
- 既遂条件
  - 財産又は財産上の利益が移転すること。
- 電子計算機使用詐欺罪
  - 電子計算機に虚偽の情報等を与え、不実の電磁的記録を作り、事務処理の用に供して財産上不法の利益を得ることにより成立。
- 準詐欺罪
  - 浅薄、心神耗弱に乗じて財物を交付させ財産上の利益を得ることにより成立。
- 権利行使と詐欺罪
- 窃盗罪と詐欺罪との区別

1 意 義

1項詐欺	人を欺いて財物を交付させること（刑法246条1項）。
2項詐欺	人を欺いて財産上不法の利益を得、又は他人にこれを得させること（同条2項）。

2 構成要件

客 体	
詐欺罪の客体は、他人の占有する他人の財物及び財産上の利益である。	
財物とは	財産権の目的となり得る管理可能で保護に値する価値を有する物をいう。
財産上不法の利益とは	不法に財産上の利益を得るということであって、財産上の利益自体が不法なものであるという意味ではない。例えば、無賃乗車、無銭宿泊、無銭遊興等である。

行 為	
詐欺罪の行為は、「欺くこと」と「交付させること」又は「不法の利益を得ること」である。すなわち、人を錯誤に陥れて、その錯誤に基づく交付その他の財産的処分行為をさせて、財物を取得し、又は財産上の利益を得ることである。	
欺くこととは	人を錯誤に陥れるような行為をいう。すなわち、欺くとは、相手方をだまして真実と合致しない観念を生じさせることである。その手段・方法には制限はなく、言語・文書・動作のいずれによるとを問わない。欺く行為は、一般的に作為によって行われることが多いが、不作為によっても行われる。

交付させることとは	錯誤に基づく相手方の交付（財産的処分行為）によって財物の占有を取得することをいう。交付という財産的処分行為には、財物を処分する意思と処分する事実が必要であるが、処分行為は法律行為に限らず事実行為でもよく、また、法律行為としての処分行為は、民法上無効であっても、取り消し得るものであってもよい（大判大12.11.21）。
不法の利益を得ることとは	相手方の錯誤に基づく財産的処分行為によって、不法に財産上の利益を得ることである。例えば，他人をだまして自己の債務引受けを約束させること（大判大4.7.10)、電気計量器の指針を逆転させて電気料金の支払を免れること（大判昭9.3.29）などがこれに当たる。

不法領得の意思

詐欺罪が成立するには故意のほかに不法領得の意思を必要とするというのが通説・判例の立場である。不法領得の意思とは、権利者を排除して他人の物を自己の所有物と同様にその経済的用法に従って、ほしいままに使用、収益、処分する意思のことである。

3 既遂条件

詐欺罪が既遂になるためには、行為者の欺く行為によって相手方が錯誤に陥り、その錯誤に基づいて交付その他の財産的処分行為がなされ、その結果、財物又は財産上の利益が移転することが必要である。

したがって、例えば、人を欺く手段を講じて財物の交付を受けたとしても、相手方がその手段によって錯誤に陥らず、ただれんびんの情から財物を与えた場合には詐欺の未遂である。

4 電子計算機使用詐欺罪(刑法246条の2)

意　義
①　人の事務処理に使用する電子計算機に虚偽の情報若しくは不正の指令を与えて財産権の得喪、変更に係る不実の電磁的記録を作り ②　財産権の得喪、変更に係る虚偽の電磁的記録を人の事務処理の用に供して 財産上不法の利益を得、又は他人をしてこれを得せしめることによって電子計算機使用詐欺罪が成立する。

ワンポイント　「虚偽の情報を与える」とは、当該システムが予定している事務処理の目的に照らして、その内容が真実に反する情報を入力することである。

5 準詐欺罪(同248条)

意　義
準詐欺罪は、未成年者の知慮浅薄、又は人の心神耗弱に乗じて、その財物を交付せしめ、又は財産上の利益を得ることによって成立する。

ワンポイント　知慮浅薄とは、意思能力はあっても適正な財産的処分行為をなし得る能力がないことである。

知慮浅薄の段階にも達しない全く意思能力のない幼者に対するときは、準詐欺罪ではなく、窃盗罪が問題となる。

6 権利行使と詐欺罪

判例は、他人から財物又は財産上の利益を取得すべき正当の権利を有する者が、その権利を行使するに当たり欺く行為を手段として財物等を取得した場合、次のように判示している。
①　その権利の範囲内であれば詐欺罪は成立しない。
②　その権利の範囲を超えて取得した場合には、財物・利益が可分であれば超過部分についてのみ詐欺罪が成立し、それが不可分であれば全部について詐欺罪が成立する。

③ 単に権利行使を仮託するときや全然別個の原因に基づくときは、領得した財物・利益の全部につき詐欺罪が成立する。

7 窃盗罪と詐欺罪との区別

詐欺罪が成立するためには、欺く行為〜錯誤〜処分行為〜財物取得という定型的因果関係の存在を必要とするが、そのうちの「欺く行為」、「処分行為」が欠けた場合には、窃盗罪となる。

参考判例

電子計算機使用詐欺罪の事例　最決平18.2.14

被告人が、窃取したクレジットカードの番号等を冒用し、インターネットを介して電子計算機に本件クレジットカードの名義人氏名等を入力送信し、電子マネーの購入を申し込み、電子マネーの利用権を取得した事件の上告審につき、被告人は、本件クレジットカードの名義人による電子マネー購入の申込みがないにもかかわらず、本件電子計算機に同カードに係る番号等を入力して名義人本人が電子マネーの購入を申し込んだとする虚偽の情報を与え、名義人本人がこれを購入したとする財産権の得喪に係る不実の電磁的記録を作り、電子マネーの利用権を取得して財産上不法の利益を得たものというべきであるから、被告人につき、電子計算機使用詐欺罪の成立を認めた原判断は正当である。

練習問題

Q

次のうち、正しいものには○、誤っているものには×を記せ。

(1) 主婦甲は、化粧品店で4,000円の買物をし、五千円札で支払ったところ、店員が誤って釣銭に一万円札を渡した。甲は、自宅に帰ってそれに気がついたが、しめたと思い返還しなかった。甲に詐欺罪が成立する。

(2) 甲は、洋品店で店員にすすめられたネクタイを締め、「トイレに行く」と嘘をつき逃走した。詐欺罪となる。

(3) 不動産売渡証書を偽造して登記官を欺き、自己に所有権移転登記をさせた。詐欺罪は成立しない。

(4) 甲は、代金支払いの意思も所持金もないのにA飲食店で飲食し、「トイレに行く」と店員を欺いて逃走した。2項詐欺が成立する。

(5) 甲は、代金支払い意思も所持金もあったが、飲食後に食い逃げの気持ちを起こし、「トイレに行く」と店員を欺いて逃走した。詐欺罪は成立しない。

(6) 甲は、下車した際に有効期間が過ぎているのを知りながら定期券を改札係員にチラッと示して通過した。詐欺罪が成立する。

(7) 甲は、パチンコ店で「ガセ玉」300個と同店で購入した玉50個を混ぜて使用し500個の玉を得、これを景品交換所で煙草と交換した。どれがガセ玉によるものか不明なので詐欺罪は不成立となる。

(8) 甲は、乙から預かったキャッシュカードを使用して、勝手に乙の口座から自己の口座に30万円を振り替えた。2項詐欺となる。

(9) 甲は、乙から10万円の払い戻しを依頼されて預かったキャッシュカードで15万円を引き出し、5万円を着服した。詐欺罪となる。

解　答

× (1) 遺失物等横領罪が成立する。釣銭を渡されたときに気がつき、そのまま帰宅した場合には、不作為の欺く行為による詐欺罪が成立するが、時間的・場所的に離れてしまった段階では、過払いの釣銭は店主の占有を離れた物となる。

× (2) 店員の「処分行為」がないから詐欺罪ではなく窃盗罪が成立する。客にすすめる行為は欺く行為に基づく処分行為ではない。

○ (3) 登記官に不動産を処分する権限がないから、詐欺罪は成立しない。

× (4) 1項詐欺罪が成立する。代金支払意思も能力もない者が、客を装う態度で欺き、代金支払を受けられると錯誤した店員から飲食物の提供を受ければ、その時点で既遂となる。

○ (5) 2項詐欺が成立するためには、請求延期、債務免除等の処分行為が必要である。設問の場合は、処分行為がないので、2項詐欺は成立しない。利益窃盗に該当するが処罰法条を欠くので不可罰となる。

○ (6) 降車駅の改札係員を誤信させて出場したとき、乗車区間の運賃相当額の2項詐欺が成立する。

× (7) 正当な打ち玉がわずかな比率であって全体的に不正玉といって差し支えないときは、景品全部について詐欺罪が成立する。

× (8) 欺く行為や処分行為という観念を入れる余地がないので、2項詐欺罪は成立せず、電子計算機使用詐欺罪が成立する。

× (9) 5万円について窃盗罪が成立する。欺く行為や処分行為は存在しないから詐欺罪は成立しない。判例は、他人のカードを使用して現金を引き出す行為については、いずれも窃盗罪としている。

29　詐欺罪

論文対策

Q

通行人乙が道路上で財布を拾得し、落とし主を探してキョロキョロしているのを見た甲は、「どうもすみません。助かりました」とあたかも真実の遺失者であるように装って乙から財布を受け取り立ち去った。

この場合、甲は、いかなる刑責を負うか。

〔答案構成〕

1　結　論

甲は、詐欺罪（刑法246条1項）の刑責を負う。

2　成立が予想される犯罪

① 遺失物横領罪（刑法254条）

② 窃盗罪（同235条）

③ 詐欺罪（同246条1項）

3　遺失物横領罪の成否

(1) 構成要件

(2) 事例の検討

当該財布の占有を乙が取得しているから遺失物ではない。

4　窃盗罪の成否

(1) 構成要件

(2) 事例の検討

乙の任意の交付があるから、意思に反する占有排除ではない。

5　詐欺罪の成否

(1) 構成要件

(2) 事例の検討

甲に欺く行為があり、それにより乙が錯誤に陥り、財布を交付（処分行為）し、甲が取得しているので詐欺罪が成立

30 恐喝罪

- 恐喝罪
  - 意義
    人を恐喝して財物を交付させ又は財産上不法の利益を得ることによって成立。
  - 構成要件
    - 客体
      他人の財産、財産上の不法の利益
    - 行為
      人を畏怖させるような行為
  - 不法領得の意思
  - 強盗罪との差異
    - 強盗罪との区別の判断基準
    - 「強取」と「喝取」

 要　点

1　意　義

恐喝罪は、人を恐喝して財物を交付させ（刑法249条1項）、又は人を恐喝して財産上不法の利益を得、又は他人にこれを得させること（同法249条2項）によって成立する。

2　構成要件

客体	他人の占有する他人の財産及び財産上の不法の利益。 財物とは、財産権の目的となり得る管理可能で保護に値する価値を有する物。 財産上不法の利益とは、利益取得の手段・方法が不法ということ。
行為	「恐喝」とは、人を畏怖させるような行為であるが、その手段たる「暴行・脅迫」が被害者の反抗を抑圧する程度には至らないもので足りる（最判昭24.2.8）。すなわち、人をして畏怖、困惑あるいは不安の念を生じさせて、相手方の意思決定の自由を制限する可能性のあるもので十分である。もし、反抗を抑圧する程度に至れば強盗罪が成立することになる。

3　不法領得の意思

本罪の成立には不法領得の意思を必要とする。

4　強盗罪との差異

強盗罪との区別の判断基準	
脅迫の程度が相手方の反抗を抑圧する程度のものであったかどうかの判断は次のとおり。	
客観説が通説・判例となっている。	
主観説	被害者の主観によるべきものであるとする。

客観説	社会通念上一般に被害者の反抗を抑圧するに足りる程度のものであるかどうかという客観的基準によって決せられるべきとする。

客観説の判例　最判昭24.2.8

　他人に暴行又は脅迫を加えて財物を奪取した場合に、それが恐喝罪となるか強盗罪となるかは、その暴行又は脅迫が、社会通念上一般に被害者の反抗を抑圧するに足る程度のものであるかどうかと云う客観的基準によつて決せられるのであつて、具体的事案の被害者の主観を基準としてその被害者の反抗を抑圧する程度であつたかどうかと云うことによつて決せられるものではない。……被告人等3名が……被害者方に到り、判示の如く匕首を示して同人を脅迫し同人の差出した現金200円を強取し、更に財布を捥ぎ取つた事実を認定しているのであるから、右の脅迫は社会通念上被害者の反抗を抑圧するに足る程度のものであることは明かである。従つて右認定事実は強盗罪に該当するものであつて、仮りに所論の如く被害者Aに対しては偶々同人の反抗を抑圧する程度に至らなかつたとしても恐喝罪となるものではない。

「強取」と「喝取」

強　取	強盗罪の場合は、相手方の反抗を抑圧するに足りる程度の暴行・脅迫により被害者の意思に反して、財物を自己又は第三者の占有に移すことで「強取」という。
喝　取	恐喝罪の場合は、被害者が生命、身体、自由、財産に対する危険の予告に対して、この危険を回避するためにその要求に応じるよりほかはないと判断する任意の意思による行為で「喝取」と呼ばれる。この点において強盗罪と異質である。

練習問題

Q

次のうち、正しいものには〇、誤っているものには×を記せ。

(1) 恐喝罪における害悪は、必ずしも実現可能なものである必要はないが、害悪の告知は行為者自身によって実現される旨の通告に限られ、第三者によって実現される旨の通知は含まれない。

(2) 行為者が脅迫文を郵便物として差し出して、情を知らない郵便配達人に被害者方に配達させる間接正犯による恐喝行為の着手時期は、郵便物の到達した時点である。

(3) 恐喝罪は財産罪であり、その成立には被害者に財産的損害を生じたことが必要であるから、犯人が相当の対価を支払った場合は、恐喝罪は成立しない。

(4) 恐喝罪における暴行・脅迫は、相手方の反抗を抑圧するに至らない程度のものであるが、この判断基準は単に相手方の主観によって決せられる。

(5) 恐喝罪における告知されるべき害悪の種類は、脅迫罪におけるのと同様に、相手方又はその親族の生命、身体、自由、名誉又は財産に対するものに限られる。

解　答

× (1) 恐喝罪における害悪の告知は、第三者によって実現される旨の通知であってもよい。ただ、その第三者が行為の決意をするについて自己が影響を与え得る立場にあることを相手方に知らせるか、相手方が前後の事情からこれを推測できる状況にあることが必要である（大判昭5.7.10）。

○ (2) 学説の中には、郵便物を発信した時点で実行の着手を認めるべきであるとする発信時説がある。しかし、判例は、「犯人が恐喝の犯意をもって他人を畏怖せしむるに足りる文書を郵送に付して到達せしめたるにおいては、受信人をしてその内容を認識し得べき状態に置いた時に恐喝罪の実行に着手したもの」（大判大13.10.29）とし、郵便利用による間接正犯については着信時説をとっている。

× (3) 判例（大判昭14.10.27）は、「脅迫と財物の交付との因果関係が認められる以上、被交付者が相当な対価を支払った場合でも、その交付された財物の全部について恐喝罪が成立する。」と判示している。

× (4) 相手方の反抗を抑圧するに至らないかどうかは、単に相手方の主観によるだけではなく、犯人・相手方の性別、犯行時刻、手段・方法など個々の事件の具体的事情を総合して客観的見地から判断される。

× (5) 告知される害悪は、その種類に制限はなく、脅迫罪のように相手方又はその親族の生命、身体、自由、名誉又は財産に対するものに限らない（大判明44.2.28）。相手方の友人、縁故者などのような第三者に対する加害の通知でもよい（大判大11.11.22）。

 **論文対策**

Q

Aは、Bに頼まれて現金10万円を貸していたが、Bが約束の期日になっても借りた金を返さないことから、Bを呼び出して、「いつまで金を返さないんだ。金を返さなければおまえの家に火をつけてやる」と脅して、Bから貸した金の返済を受けた。

この場合におけるAの刑責について述べよ。

〔答案構成〕

1 恐喝罪
(1) 手 段
  恐喝の手段は、人を脅かして畏怖させることであるが、その方法はどのようなものでもよく、客観的に判断して人を畏怖させるに足りる行為であれば、たまたま相手方が畏怖しなかったとしても恐喝に当たる。
(2) 財 物
  民法上の「物」とは違う、私有財産の目的となることができる物で、その管理が可能な物をいう。
(3) 行為の違法性
  権利を実行するために恐喝手段を用いた場合には、その方法が社会通念上一般に許容される範囲程度を超えない限り、恐喝罪にはならない。
2 事例の検討
(1) 結 論
  Aは、恐喝罪の刑責を負う。
(2) 理 由
  Aが行ったように、Bに対して「金を返さなければおまえの家に火をつけてやる」と脅し、恐怖心を抱かせるような行為が、権利行使の方法として社会通念上一般に認容すべきものと認められる程度を逸脱した恐喝手段である場合は、恐喝罪が成立する（最判昭30.10.14）。

出題ランク	1	2	3
★	/	/	/

31 横領罪

組立て

横領罪
- 横領罪
  自己の占有する他人の物、公務所から保管を命ぜられている自己の物を横領すること。

- 構成要件
  - 客　体―自己の占有する物
  - 行　為―横領

- 業務上横領罪
  業務上自己の占有する他人の物を横領すること。

- 遺失物等横領罪
  遺失物、漂流物その他占有を離れた他人の物を横領すること。

- 横領行為の態様と既遂時期
  - 横領行為の態様
  - 横領罪の既遂時期

- 不法原因給付と横領罪

- 横領罪と身分犯

要　点

1 横領罪（刑法252条）
① 自己の占有する他人の物（同条１項）
② 公務所から保管を命ぜられている自己の物（同条２項）
を横領することによって単純横領罪が成立する。

2 構成要件

<table>
<tr><td colspan="3">自己の占有する他人の物又は公務所から保管を命ぜられている自己の物。</td></tr>
<tr><td rowspan="2">客体</td><td rowspan="2">自己の占有する物</td><td>法令・契約・事務管理・慣習・条理等の委託関係により自己が占有するに至った物等。</td></tr>
<tr><td>自己の物は、公務所から保管を命ぜられた物であるときにだけ本罪の客体となる。他人のためにその他人との信任関係に基づいて占有する自己の物については、横領罪は成立しない。</td></tr>
<tr><td rowspan="2">行為</td><td colspan="2">横領することである。</td></tr>
<tr><td>横領</td><td>自己の占有する他人の物を不法に領得すること、すなわち、権利者を排除して他人の物を自己の所有物のように経済的、法律的に利用又は処分する行為をいう（領得行為説＝通説・判例）。</td></tr>
</table>

3 業務上横領罪（同253条）

業務上横領罪は、業務上自己の占有する他人の物を横領することによって成立する。

業務	人が社会生活上の地位に基づいて反復・継続して行われる事務をいい、必ずしも、自己の生活を維持するための職業・営業である必要はない。

4　遺失物等横領罪（同254条）

> 遺失物等横領罪は、遺失物、漂流物その他占有を離れた他人の物を横領することによって成立する。

占有を離れた他人の物	元の占有者の占有を離れ、まだ何人の占有にも属さない物をいう。

5　横領行為の態様と既遂時期

横領行為の態様	横領行為は、通常、物の物質的処分（費消）、物の法律的処分（売却、入質、貸与、贈与）、物の事実的処分（着服、拐帯、隠匿、抑留、返還拒否）などの処分行為をいう。
横領罪の既遂時期	横領罪は、不法領得の意思が確定的に外部に表現されたときに既遂となる。 **ワンポイント**　横領罪は、領得の着手と同時に行為は終了し、既遂となる。

横領罪には、未遂を認める余地がない。

6　不法原因給付と横領罪

不法の原因に基づいて委託給付された財物を受託者が領得する場合（例：禁制品の買入れ資金の費消）に横領罪が成立するかどうかが問題となる。民法上、不法原因給付物に対する返還請求権がない（民法708条）ため、刑法上も処罰されないとする説もあるが、判例は、横領罪の成立を認めている。

7　横領罪と身分犯

横領罪は、「他人の物の占有者」という身分が犯罪構成要件になっている真正身分犯である。

ワンポイント　業務上横領罪は、さらに「業務者」という身分がある場合に成立する（身分があることにより刑が加重される不真正身分犯である）。

練習問題

Q

次のうち、正しいものには〇、誤っているものには×を記せ。

(1) 旅館に宿泊中の客Aは、旅館で出された丹前・浴衣を着たまま外出し、そのまま帰らなかった。Aには横領罪が成立する。

(2) 乙から手形割引を委託された甲は、これにより100万円の現金を得たが、以前乙に100万円貸していたのを思い出し、相殺する意思でこれを費消した。甲には横領罪は成立しない。

(3) 横領罪には、未遂の処罰規定がないから、行為者が動産の売却の意思を表示したが、相手方が買い受ける意思を表示しなかった場合は、不可罰である。

(4) 自己の所有する物については、いかなる場合でも、横領罪の成立する余地はない。

(5) Aは、友人Bに家屋を売却して引渡しを終わったが、所有権移転登記をしていなかったので、Cに家屋をより高価な価額で売却してその旨の登記をした。Aに横領罪が成立する。

(6) 甲は、乙と共同して宝くじ10枚を購入して、それを自分で保管していたが、そのうちの1枚が当たっていたので当選金を受領し、乙に無断で全部費消した。横領罪が成立する。

(7) 甲は、窃盗犯人乙から盗品の売却あっせんを依頼されてその交付を受け、それを売却し代金を入手したが、自己のために費消した。犯罪物件の売却代金であるから甲に横領罪は成立しない。

解　答

× (1) 丹前等についての占有は旅館にあるので、Aには窃盗罪が成立する。

○ (2) 横領罪が成立するためには、不法領得の意思を必要とするが、相殺の意思をもって費消した場合は、不法領得の意思が認められないとされているので、本罪は成立しない。

× (3) 横領罪は、不法領得の意思が確定的に外部に表現されたときに既遂となる。「売却の意思表示」が不法領得の意思の確定的表現となり、即既遂に達しているわけで、不可罰とはならない。

× (4) 自己の所有する物であっても、公務所から保管を命ぜられた物であるときは、横領罪の客体となる。

○ (5) 家屋は、A、B間の売買契約によりBの所有に帰している。登記はAのもとに残存しているが、横領罪の占有は、事実的支配のみならず法律的支配をも含むから、不動産につき登記簿上所有名義を有する者はその占有を有することになるので、Aが本件家屋を売却すれば横領罪が成立する。

○ (6) 共有物は、横領罪の関係では他人の物とされ受託者となっていた共有者が1人でこれを勝手に処分したときには横領罪が成立する。

× (7) 民法上、乙に返還請求権のない不法原因給付であるが、判例は、横領罪の目的物は単に犯人の占有する他人の物であることをもって足り、民法上の効果と別個に考察すべきであるとして、横領罪の成立を認めている。

論文対策

Q

女子大生甲は、同級生の乙から「キャッシュカードで下宿代10万円をおろしてきて」と依頼され、暗証番号を教わったうえ、キャッシュカードを預かった。甲は、そのカードでＡＴＭから10万円を引き出したが、残高が100万円近くあるので、少しぐらい引き出しても分からないだろうと考え、再度カードを使用して５万円を引き出して帰り、10万円とカードを乙に返した。

この場合、甲は、どのような刑責を負うか。

〔答案構成〕

1 結 論

甲は、キャッシュカードに対する横領罪と、横領したカードを不正利用して現金を窃取する窃盗罪の刑責を負い、両罪は併合罪となる。

2 成立が予想される犯罪

①詐欺罪 ②背任罪 ③横領罪 ④窃盗罪

3 詐欺罪の成否

欺く行為～錯誤～処分行為という因果関係が不存在

4 背任罪の成否

横領罪と法条競合の関係にある。

5 横領罪の成否

○ キャッシュカードの占有は、10万円の払戻しを受けるためにのみ成立した委託信任関係である。

○ ５万円を引き出す行為は、委託の趣旨に反し、乙を排除して乙のカードを自己の所有物のように経済的・法律的に利用・処分する行為で、不法領得の意思が認められ本罪が成立する。

6 窃盗罪の成否

横領したカードを不正に利用して現金を窃取する行為は、横領罪の不可罰的事後行為ではなく、窃盗罪となる。

出題ランク	1	2	3
★	/	/	/

32 盗品等に関する罪

組立て

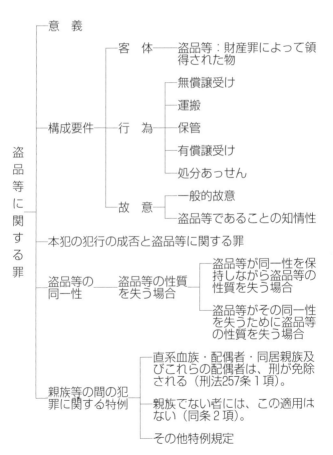

- 盗品等に関する罪
  - 意義
  - 構成要件
    - 客体──盗品等：財産罪によって領得された物
    - 行為
      - 無償譲受け
      - 運搬
      - 保管
      - 有償譲受け
      - 処分あっせん
    - 故意
      - 一般的故意
      - 盗品等であることの知情性
  - 本犯の犯行の成否と盗品等に関する罪
  - 盗品等の同一性──盗品等の性質を失う場合
    - 盗品等が同一性を保持しながら盗品等の性質を失う場合
    - 盗品等がその同一性を失うために盗品等の性質を失う場合
  - 親族等の間の犯罪に関する特例
    - 直系血族・配偶者・同居親族及びこれらの配偶者は、刑が免除される（刑法257条1項）。
    - 親族でない者には、この適用はない（同条2項）。
    - その他特例規定

32 盗品等に関する罪 223

要 点

1 意 義

盗品等に関する罪は、盗品等を無償譲受け・運搬・保管・有償譲受け・処分あっせんすることによって成立する(刑法256条)。

2 構成要件

客体	盗品等である。	
	盗品等	財産犯(窃盗・強盗・詐欺・恐喝等)である犯罪行為によって領得された財物で、しかも、被害者が法律上それを追求できるものをいう(追求権説)。 ※平成7年刑法改正前は贓物(賍物)と呼ばれていた。ただし、刑訴法は贓物のまま。
行為	無償譲受け	盗品等の所有権を無償で取得することをいう。 贈与を受ける場合がその典型的なものであるが、無利息消費貸借により交付を受ける場合もこれに当たる。
	運搬	盗品等の所在を移転することをいい、有償であると無償であるとを問わない。 場所的移転により被害者の追求権を困難にした以上、盗品等を運んだ距離を問わない。
	保管	委託を受けて盗品等を保管することをいう。 委託者が本犯であることを要しないし、保管が有償であると無償であるとを問わない。
	有償譲受け	盗品等の所有権を有償で取得することをいう。 一般的な売買のほか、盗品等の相互交換、債務弁済としての盗品等たる金員の取得、代物弁済、利息付消費貸借、売渡担保なども有償譲受けに当たる。
	処分あっせん	盗品等の法律上の有償処分行為(売買、交換、質入等)を媒介・周旋することをいう。 媒介・周旋行為そのものの有償・無償を問わないし、直接・間接をも問わない。

故意	一般的故意	本罪の成立には、左記が行為者になければならない。
	盗品等であることの認識(知情性)	知情性は、確定的な認識であることを要せず、未必的な認識で足りる。

3 本犯の犯罪の成否と盗品等に関する罪

　盗品等に関する罪の前提として行われる財産罪を盗品等に関する罪の本犯という。本犯の犯罪行為は、犯罪構成要件に該当する違法な行為であれば足り、有責であることを必要としない。例えば、刑事責任能力のない14歳未満の者の犯した窃盗罪も本犯となり得る。

4 盗品等の同一性

　盗品等に関する罪が、財産権の保護を目的とするものである以上、盗品等は被害者において、法律上回復追求できるものでなければならない。

盗品等がその盗品等の性質を失う場合	① 盗品等がその同一性を保持しながら盗品等の性質を失う場合 例 民法第192条による動産の即時取得 わな 盗品・遺失物であれば即時取得の場合でも、2年間は回復請求権がある（民法193条）。 ② 盗品等がその同一性を失うために盗品等の性質を失う場合 例 盗品等である金と他の金との融合混和

32 盗品等に関する罪

5 親族等の間の犯罪に関する特例（刑法257条）

① 直系血族、配偶者、同居の親族及びこれらの者の配偶者の間において、盗品等に関する罪を犯した場合は、その刑が免除される。
② 親族でない者には、この適用はない。
（参考）その他親族間の犯罪に関する特例あり 　刑法105条〜犯人蔵匿、証拠隠滅 　同法251条〜詐欺、電子計算機使用詐欺等

参考判例

「贓物に関する罪」とは　最決昭34.2.9
贓物に関する罪は、被害者の財産権の保護を目的とするものであり、被害者が民法の規定によりその物の回復を請求する権利を失わない以上、その物につき贓物罪が成立しうる。
「贓物」とは　大判大12.4.14
「贓物」とは、不法に領得された物件で被害者が法律上追及することのできるものを汎称し、領得行為が取消しうべきものであってもさしつかえない。
贓物に関する罪の本犯は有責でなくともよい。　大判大3.12.7
本犯の行為者は、責任無能力者でもよい。
「贓物」とは　最判昭25.12.12
親族相盗例の適用される者の間で行われた窃盗罪によって奪取された物も、「贓物」としての性質を失わない。
「贓物」とは　大判明44.3.9
「贓物」は、犯罪行為により収得した物件であることを必要とするだけで、その物件を収得した行為が既に処罰され、もしくは起訴されたことを要しない。

贓物故買罪　大判昭6.11.9

贓物買受の際贓物たるの情を知らなくても、有償行為により贓物を受領する際その情を知つていれば、贓物故買罪が成立する。

贓物運搬罪　最判昭33.10.24

贓品を場所的に移転して、被害者の同品に対する権利の実行を困難ならしめた以上、これを運んだ距離がさほど遠くなくても、贓物運搬罪が成立する。

贓物有償処分あっせん罪　最判昭23.11.9

贓物であるとの情を知りながら贓物の売買を仲介周旋した事実があれば、その周旋にかかる贓物の売買が成立しなくても、贓物牙保罪〔有償処分あっせん罪〕の成立を妨げない。

盗品等有償処分あっせん罪　最決平14.7.1

窃盗等の被害者を相手方として盗品等の有償の処分のあっせんをする行為は、刑法256条2項にいう盗品等の「有償の処分のあっせん」に当たる。

練習問題

Q

次のうち、正しいものには○、誤っているものには×を記せ。

(1) 12歳の少年Aは、母親のダイヤモンドの指輪を持ち出し、その情を知っている古物商Bに売却した。Bは盗品等有償譲受け罪となる。

(2) 乙は、帰宅途中の道路で一万円札を拾ったが、それを見ていた甲に口止め料として両替えした千円札3枚を渡した。甲に盗品等有償譲受け罪が成立する。

(3) 乙は、丙が昨夜盗んできた貴金属を善意・無過失で譲り受け、それが盗品であることの情を知っている甲に売却した。甲に盗品等有償譲受け罪は成立しない。

(4) Cを欺いて100万円を交付させたBは、その金員の情を知っているAに利息付きで貸した。Aに盗品等有償譲受け罪が成立する。

(5) 窃盗犯人がその盗品を運搬しても盗品等運搬罪を構成しないから、窃盗犯人に頼まれて一緒に盗品を運搬した場合には、盗品等運搬罪は成立しない。

(6) 保管とは、委託を受けて本犯のために盗品等を保管することで、有償無償を問わないが、貸付金の担保として盗品等を預かる場合、盗品等保管罪は成立しない。

(7) 甲は、乙から「今晩派手におごってやるぜ」と言われ、乙が盗んできた金で支払うことを知りながらおごってもらった。甲に、盗品等無償譲受け罪は成立しない。

(8) 処分あっせんとは、盗品等の売買等を媒介周旋することをいうから、窃盗の実行を決意した者の依頼に応じて、同人が将来窃取すべき物の売却を周旋した場合には、盗品等処分あっせん罪が成立する。

(9) 甲は、公務員乙が賄賂としてもらった家具をそれと知って買い受けた。甲に盗品等有償譲受け罪が成立する。

解　答

○ (1) 本犯の犯罪行為は、構成要件に該当する違法なものであれば足り、有責なものであることを要しない。

× (2) 両替して得た千円札も盗品等の性質を有し、同一性が失われないが、口止め料としてもらうのは有償譲受けとはいえない（無償譲受け罪が成立する）。

× (3) 盗品又は遺失物については、即時取得の要件が具備されていても、所有者は盗難又は遺失のときから2年間は占有者にその物の回復を請求し得るから、その間は盗品等の性質は失われず、盗品等有償譲受け罪が成立する。

○ (4) 盗品等たる金員を利息付消費貸借名義で取得することも、盗品等の有償取得であって有償譲受け罪が成立する。

× (5) 窃盗本犯と共同して盗品を運搬した場合にも、盗品等運搬罪が成立する。

× (6) 貸付金の担保として受け取った場合にも盗品等保管罪が成立する。

○ (7) 盗品としての同一性がないので、盗品等無償譲受け罪は成立しないとされる。

× (8) 盗品の売買等の周旋をすれば、売買等の契約が不成立でも処分あっせん罪は成立するが、現に存在しない将来窃取する物の売却を周旋しても、盗品等処分あっせん罪は成立しない。盗品等に関する罪の本質は、財産犯によって奪われた財物に対する被害者の追求回復を困難ならしめることにあるからである。

× (9) 盗品等とは、財産犯によって領得された財物である。収賄罪は財産犯ではないから、賄賂は盗品等に当たらない。

32　盗品等に関する罪　229

論文対策

Q

常習窃盗犯人甲を逮捕し取調べ中、甲は、窃取した金で愛人の乙に家具、洋服、アクセサリー等の物品を多数買い与えていることを供述したので、乙から事情聴取したところ、乙の甲に対する共犯関係はないが、その情を知っていたことが判明した。

この場合、乙は、どのような刑責を負うか。

〔答案構成〕

1 **結 論** 乙は、何らの刑責を負わない。ただし、甲から盗品たる金員で買ってもらった家具等については、刑法19条1項4号、同条2項但書の規定により、没収されることもある。

2 **成立が予想される犯罪** 盗品等に関する罪である。

3 **盗品等に関する罪の構成要件** 盗品等に関する罪は、盗品等を無償譲受け・運搬・保管・有償譲受け・処分あっせんすることによって成立する（刑法256条）。盗品等とは、財産犯である犯罪行為によって領得された財物で、しかも、被害者が法律上それを追求できるものをいう。

4 **盗品等の同一性** 盗品等の性質を失う場合には、次の二つの形態がある。

① 盗品等が同一性を保持しながら盗品等の性質を失う場合
② 盗品等がその同一性を失うことによって盗品等の性質を失う場合

5 **事例の検討**

○ 盗品たる金員で購入した家具等は、物理的・法律的にその同一性を失うために回復追求権が及ばないので、盗品とはいえない。

○ 乙は、甲が窃取した金で購入したものであることの情を知りながら、家具等の物品を受け取っているので、これら物品は任意的没収の対象となる。

巻末付録

刑法等の一部を改正する法律についての概要
(平成29年法律第72号)

○ 刑法177条:「強姦罪」→「強制性交等罪」に改正
・ 加害者・被害者の性別を問わない。
・ 既遂となる行為に「肛門性交」、「口腔性交」が追加。
・ 法定刑の下限が「3年」→「5年」に引き上げ。
・ 「集団強姦等」及び「集団強姦致死罪」の廃止。

○ 刑法179条:「監護者わいせつ罪及び監護者性交等罪」が新設

○ 刑法241条:「強盗強姦罪」→「強盗・強制性交等罪」に改正
・ 強盗犯人が強制性交等罪を犯したとき、又は強制性交等犯人が強盗の罪を犯したとき、本罪が成立。

○ 強制性交等罪(強姦罪)等が非親告罪に
・ 強制性交等罪(強姦罪)、準強制性交等罪(準強姦罪)、強制わいせつ罪、準強制わいせつ罪、わいせつ目的略取・誘拐罪等が非親告罪化。
※ 未成年者略取・誘拐罪等は親告罪のまま。

○ その他
・ 本法施行前(平成29年7月12日以前)の行為には、改正前の規定が適用される。
・ ただし、本法施行前の行為についても、本法施行後は、本法施行時に既に法律上告訴がされることがなくなっているものを除き、非親告罪となる。
例 平成29年7月12日にA男がB女に暴行・脅迫を加え、性交をした場合、改正前の強姦罪が適用される。

(令和4年法律第67号)

○ 刑法231条:侮辱罪の法定刑の引上げ
侮辱罪の法定刑を
「拘留又は科料」→「1年以下の懲役若しくは禁錮若しくは30万円以下の罰金又は拘留若しくは科料」に引き上げ。

○ 拘禁刑の創設
・ 「懲役」「禁錮」の廃止
・ 「拘禁刑」を創設し、刑事施設に拘置し、改善更生を図るため、必要な作業又は指導を行う。
(令4.6.17から起算して3年を超えない範囲内において政令で定める日から施行のため、本書には改正を加えてありません。)

NEW トライアングル学習 刑 法

平成27年2月20日	初 版 発 行
平成29年11月10日	補 訂 版 発 行
令和5年3月20日	補訂版6刷発行

編著者 受験対策研究会
イラスト 村 上 太 郎
発行者 星 沢 卓 也
発行所 東京法令出版株式会社

112-0002	東京都文京区小石川5丁目17番3号	03(5803)3304
534-0024	大阪市都島区東野田町1丁目17番12号	06(6355)5226
062-0902	札幌市豊平区豊平2条5丁目1番27号	011(822)8811
980-0012	仙台市青葉区錦町1丁目1番10号	022(216)5871
460-0003	名古屋市中区錦1丁目6番34号	052(218)5552
730-0005	広島市中区西白島町11番9号	082(212)0888
810-0011	福岡市中央区高砂2丁目13番22号	092(533)1588
380-8688	長野市南千歳町1005番地	

〔営業〕TEL 026(224)5411　FAX 026(224)5419
〔編集〕TEL 026(224)5412　FAX 026(224)5439
https://www.tokyo-horei.co.jp/

© Printed in Japan, 2015

本書の全部又は一部の複写、複製及び磁気又は光記録媒体への入力等は、著作権法上での例外を除き禁じられています。これらの許諾については、当社までご照会ください。

落丁本・乱丁本はお取替えいたします。

ISBN978-4-8090-1377-5